U0136880
華志文化

華志文化

酷品味

許一個有深度的哲學化人生

周慶華——著

人生哲學，有程度的啟發，助於人生開展。

英國作家沃波爾對悲劇的看法：「習慣動腦的人，人生是一齣喜劇；習慣感情用事的人，人生則是一齣悲劇。」這明顯是要告訴人，悲喜劇全是自己惹來的。

蘇格拉底說：「沒有經過反省的生命是不值得活的。」那些默默地把自己的生命推入湖海的人，顯然是未曾經過反省這道手續，所以盡把風光讓給別人。

◆內容簡介

人生需要加入哲學的思維，才能顯出它的可以優質和可以高價，以及可以確保在天地之間的「存在優勢」，而盡可於沿途釋放姿采。因此，《酷品味》所包裹的一系列哲理散文，就是在體現一種規模雖小卻形質俱全的「許一個有深度的哲學化人生」，大家無妨據以為對照省思，以便生命有足夠的動力去自我發揮而更顯光華。

◆序

生命在時間中流動，有的會在沿途釋放姿采，有的則默默地遯入湖海。這當中的關鍵，大概就在掌握生命的人是否有反省的能力。蘇格拉底說：「沒有經過反省的生命是不值得活的。」那些默默地把自己的生命推入湖海的人，顯然是未曾經過反省這道手續，所以儘將風光讓給別人。至於沿途釋放姿采的人，則不知幾經艱難的反省了。

這種反省，是正宗的後設思維，也就是哲學的進階意涵。它可以保證人會沿著一條有智慧、善思辨的旅程前進；而不管前面有多少岔路，只要這一哲學思維啟動了，就勢必會辨識出最具挑戰性或最能成就自己的那條路來。如果能夠再把小說家普魯斯特所說的「真正的探索之旅，並不在於發現新的風景，而在於擁有新的眼光」配備在身，那麼走去前景就越發有異彩。

一般哲學，會涉及形上原則、認識條件、邏輯規律、倫理法則、美感質性和政治理據等等；而這些內化於人生中，則會繁衍出許多的變貌，包括「怎麼另類看待生命」、「如何使人生有創意」、「跟人頻密互動是否有必要」、「對環境要擔負什麼責任」和「在天地間要怎樣定位自己」等等。沒有一個想要確保自我活得優質或存在優勢的人，可以避開這一系列的哲學思

維。

本書所收各篇哲理散文，幾乎都環繞著上述這些課題在作論述，嘗試體現我個人所經歷過的「許一個有深度的哲學化人生」的一點風貌。它或許可以給大家某種程度的啟發，而有助於自己人生的開展。由於各篇都是短製精論，不比其他皇皇鉅著，所以內裏就自比為「小小哲學人生」。這所表明的是以哲學在限定人生，期待經過多方的省思後，生命有足夠的動力去自我發揮而更顯光華；而不是用人生來限定哲學，專門在思考一些抽象的人生問題，自然也就不取「小小人生哲學」一類的名義了，雖然二者仍有相當程度的交集。

還有這些散文，都是應《國語日報》少年文藝版王秀蘭主編的邀約發表於「方向」專欄。在這個過程中，有不少特殊的讀者互動經驗；如有某小學舉辦研習會，把〈包容的限度〉一文印發給學員當作參考資料；有位女士跟我說，別人侵犯她的著作權，縱是和解了，但對方實際上並未悔改，一天她看到〈為尊嚴而活〉一文，突然燃起信心準備向對方提告；有名我們語教所畢業的研究生，吃了不少學校主管的虧，而將〈勇氣的真相〉一文視為座右銘，在心理上打贏了一場仗；有個男子瞧見〈語言治病〉一文後，對文中提及能幫人靈療的宗教師特別感興趣，寄來一封長信問我怎麼找到那名宗教

師，因為他家裏正有人患了癌症。此外，還有些教師對於〈粉絲的命運〉一文暗示別當名人的粉絲深感不解，透過報社轉來「這樣我們要怎麼教學生」的詰問，害我費了不少唇舌辯解。而最有趣的是，一位小學教師看見〈參質共振〉一文，甚為困惑，打電話跟報社反應：能否把「參質共振」講清楚一點，以便跟上網遍查不著該詞的學生解說。有感於她的盛情，我額外補了一段文字請報社轉達：這是最新物理學「混沌理論」所指出的，同質性的東西會互相激盪振動，像蝴蝶振動翅膀造成空氣擾動，其他地方的空氣（具同質性）就會受到刺激而跟著擾動，最後可能演變成一場大風暴。用在解釋人事上也可以說有同樣癖好或有相似才氣的人，就會聚在一起分享經驗或合作創立事業（「有同樣癖好或有相似才氣」叫參質；「聚在一起分享經驗或合作創立事業」叫共振）。不論這有否解開了她的疑問，我都深為這些互動而覺得讀者是一面大鏡子，會映照出作者自己所意識不到的另一面，從此得更加小心下筆，因為流露為文字的都有人在監看。

回想撰寫這些文章期間，正逢臺東大學語文教育研究所暑期專班開辦，頗受夥伴們注意，有的全程剪報；有的取為課堂的補充教材；有的作為跟同事茶餘飯後的談助，使我覺得很受鼓舞。其實，他們的熱情互動和積極參與所務的運作，也常是我寫作靈感的來源；尤其是最後三年，我一人所長獨立

在扛重擔，他們的關懷和餽贈不斷，讓我備感溫馨，筆下常有他們仁厚的影子。當中何秋菫特別不計勞苦，除了幾個暑假不斷幫我加餐和贈送昂貴的眼鏡及保健食品等，而且還常跟她的夫婿杜清哲先生一起來問候，閒坐話古論今，頗能慰我衷腸。我退休後，暫時待在臺東寫書，他們夫婦也在這裏購屋，每次來渡假關心和備食更甚，我實在受著有愧！人生漫漫長路，有這些夥伴真誠相處，已經增添了許多異彩，著實不必再奢求什麼。

現在專欄寫作告一段落了，為饗更多讀者，決定結集出版；而依各文約略的屬性差異，區分為卷一換個視角看見深度、卷二創意人生、卷三到安全的地方冒險、卷四另類的知識、卷五生命邏輯、卷六道德黃金律、卷七酷品味、卷八白烏鴉與黑天鵝和卷九種心等。它們未必可以這般的區隔開來，只為了讀起來方便而權且劃界，容有某些「分猶未分」或「不盡區分」的憾事存在。

感謝原催生者王秀蘭主編的厚愛，讓我寫了滿長一段時間的專欄；以及感謝華志文化公司繼《解脫的智慧》後又一次的賞鑑，並慨允出版此書，期待這些增上緣可以再度獲得大家的迴響

周慶華

目次

CONTENTS

＊卷三　到安全的地方冒險

＊卷四　另類的知識

目次

CONTENTS

CONTENTS

目次

卷一

換個視角看見深度

巴斯卡說：「我發現人的不幸都來自唯一的一件事：不懂得安安靜靜的待在屋裏。」

*卷一　換個視角看見深度

1 趣味在觀點變換間

兩個澳洲土著來到湖畔，他們第一次看見滑水運動。這時滑水員正由汽艇牽引，在湖面上左右繞行、上下跳躍表演著。當中一個土著問：「為什麼那艘船跑得那麼急？」另一個土著回答：「你沒看到繩子後面有個瘋子在追它嗎？」

我猜這兩個土著講完話後，一定會笑彎了腰，因為他們看到史上最滑稽的畫面：瘋子在追汽艇！這如果回到「正常」的看待方式，說是「汽艇在拉瘋子」或「汽艇在拉滑水員」，趣味就無從發生。

由此可知，現實中有趣的事，往往存在觀點變換間。也就是說，尋常事物不會自己變得有趣，而是透過我們異樣的眼光去看它們，它們才新穎起來；而這種新穎，就是趣味的根源。

不信且看：有個洋人在一家日本餐廳用餐，他把侍者招來，指著湯裏一隻載浮載沉的蒼蠅問：「你看，牠在做什麼？」侍者一臉尷尬的說：「先生，仰泳吧！」顯然這是餐廳裏難得一見的對話。它原是趣味橫生的，但接著侍者被對方

瞪完眼後把湯端進廚房更換，那一諧趣美感就消失了。

我有一位朋友，每當聽人說車子又被擦撞了，他總能輕鬆的說：「這要怪我們自己技術不好。」後來他的新車被人刮出一道凹痕，卻氣得找對方理論索賠，渾然忘了自我責怪。這時他如果這樣說：「對不起，是我的技術太差，你走吧！」那麼整個氣氛就不一樣了。可見能不能享受趣味而養好心情，訣竅就在觀點轉換那一瞬間。

2 矮人看場

每逢歌星演唱會、政治人物選舉造勢晚會和其他集會遊行等，都有一些「平凡」的臉孔在那裏跟著人吶喊嘶吼。這種隨人叫好或盲目起鬨的情況，套句古人的話，叫做「矮人看場」！

矮人看場的發生，未必只是因為崇拜偶像或一時智昏的關係，它還涉及一個深層的自卑情結；尤其當遇到對方是剛竄紅的明星時，不吃味轉附和來「自我安撫」，簡直是不可想像的事。

然而，既是已經自行矮化了。那麼再怎麼努力「踮腳」，也看不清臺上演的

究竟是什麼戲碼。這比培根所講的人容易受「洞穴偶像」、「種族偶像」、「市場偶像」和「劇場偶像」的迷惑還要嚴重，因為那只是崇拜過度罷了，而矮人看場則是根本不知道為什麼要崇拜。

這種「心理匱缺」，自然要由自謀出路來填補。也就是說，如果能像魯迅「橫眉冷對千夫指，俯首甘為孺子牛」那般的自主，或者像林語堂「兩腳跨東西文化，一心評宇宙文章」那般的博知，那麼即使有再罕見的偉人尤物也動不了心，更別說學矮人看場了。

巴斯卡說：「我發現人的不幸都來自唯一的一件事：不懂得安安靜靜的待在屋裏。」我們也可以說：凡是培養不起本事的人，一定找不到立足點，只好成天跟人瞎混，百無聊賴終老。

3 用詩眼看事物

古人畫龍，全在最後的「點睛」上見真章；就因為有那一筆，整條龍倏地活靈活現起來，宛如要飛上天似的。同樣的情況，也顯現在詩人「詩眼」的創發中；他們給詩安上眼睛，讓它們可以精神百倍，直教人喜愛不已。

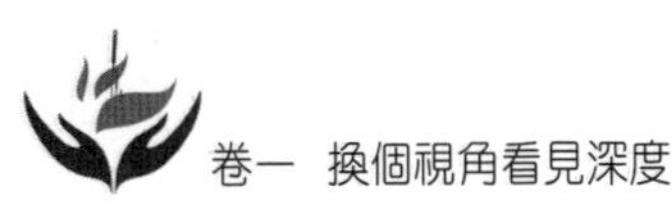

好比「雲破月來花弄影」的「弄」字、「紅杏枝頭春意鬧」的「鬧」字、「天寒猶有傲霜枝」的「傲」字、「春風又綠江南岸」的「綠」字等，都是詩句裏的眼睛，看得我們「心花怒放」，也讓我們窺見了這個世界的另一種容顏。

這種容顏是唯美的，無關道德，也無關利害；它的縱深欣趣般的敞開，只有我們的美學素養能直覺的跟它相遇。《作家的心靈雞湯》的作者賈德納曾有個比較：「當你說話時一字一句穿越房間或大廳；但當你寫作時，字字句句卻能穿越時空。」這用在詩眼的效應上，則不啻說它不但能夠穿越時空，還保證會撞進我們的心坎而撫慰了我們乾涸的衷情。

如果要問詩人有什麼長處，那麼「他知道用另一隻眼睛去看世界」，大概就是最好的答案了。詩人這隻不尋常的眼睛，就體現在詩眼裏，它教我們面對事物可以「創新」或「活化」它們來自我昇華，從而開啟一個足以跟天地比久長的「藝術人生」。

至於大家能用詩眼看事物後，這個世界就會減少一分奔競暴戾之氣，那又無異是自然「水到渠成」而可以樂見的事。

4 窺祕

人一旦養成無所關心的個性，就會覺得太陽底下沒有新鮮事；反過來，一切都關心了，再怎麼隱祕的事都可能被發掘出來。前者，不知祕密為何物；後者，則處處有驚奇兼好問善思。

這是兩種不同的生活態度，也是文化轉多異彩的憑藉。它們本來沒什麼高下或優劣可說，但「處處有驚奇兼好問善思」這一系，總會因為它勇於揭祕而讓人耽戀不已！像牛頓「啊，上帝，我們是在思考你的思考」這種發想，所代表的永不滿足的超我向度，就很能使人動容而傾心相隨。

如果說這裏面有什麼奧妙，那麼發想的人所已經或將要窺見某些祕密的「祕密性」，就是當中的一大指標。因此，慣性定律、反作用力、質能不滅定律、萬有引力、量子力學、相對論和混沌理論等，就都成了「窺祕」後的產物。而窺祕後，還有更多的祕密等著大家去繼續關心。

所謂「祕密就是過去、現在和未來的一切解答」這一愛默生的名言，不就說明了祕密總是在窺見後不斷地孳生嗎？這麼一來，「無所關心而不知祕密為何物」那一系，也就一併成了大家所要窺祕的對象。換句話說，我們總會納悶：為什麼有人會無所關心？而它又可以持續多久？最後，一個關係生命升沉的問題出

現了：我們是否也得創造一些祕密來給人窺見或發掘？不然到世間走一遭，豈不是太對不起自己和造化？

5 換個視角看見深度

世界盃足球賽期間，當大家沉浸在狂熱的氛圍時，俄克拉荷馬大學足球教練布德被記者問道：「足球對體育鍛鍊有那些貢獻？」布德立即回答：「絕對沒有！」「絕對沒有？」記者吃驚的問。「足球是二十二個需要休息的人在場上拚命的跑，而四萬個需要運動的人卻坐在那裏看。」布德說。

布德這一記對足球運動的重捶雖然令人驚悚，卻也引發了我們對事物另面看法的策略意識。也就是說，足球對體育鍛鍊固然沒什麼貢獻，但它如「詩」般的創造演出，卻可以讓人迷戀，以及轉而獲得一種「替代性滿足」。這種具有深度的發掘，一定足夠我們發言不再流於泛泛。

相似的，米爾頓《失樂園》裏提到：「我曾希望暴力停止，戰爭結束，一切即將美好。然而，我錯了，我發現和平的破壞力不亞於戰爭。」這更讓人發現「將自己所訂和平規範強迫別人屈就」和「缺少自制力的人胡亂消費和平」的可

怕！以至我們可以轉念一想：暴力不可恃，那和平又如何？它能廉價取得和輕易奉送嗎？世人終究還得好好沉思這個課題。

像這種換個視角就會看見深度的慧思養成，無妨大量透過「自由是另一種形式的奴役」或「我們唯一必須恐懼的是恐懼本身」這類智者的奇闢見解來自我磨練，期能一掃心頭因固著僵化己見所覆上的陰霾。

6 看無物

眼睛可以辨識事物和傳達情感，這是毫無疑問的。但如果只知道到這裏，那麼金格隆《媒體現形》一書中的警句「要求凡事都須看得一清二楚的人，可能缺乏知識」，就很容易被忽略。換句話說，有些隱微或特別的東西是沒得看的，它僅能透過心去洞察。

心和眼睛連結，逐漸的「看無物」這件事就不再是天方夜譚。就像有一則笑話所說的：福爾摩斯和華生一道去露營，半夜，福爾摩斯搖醒華生，對他說：「你抬頭看天空，告訴我你發現了什麼？」華生回答：「我看到數百萬顆星星。」福爾摩斯說：「你從這點推論出什麼？」華生回答：「那裏面可能有一些

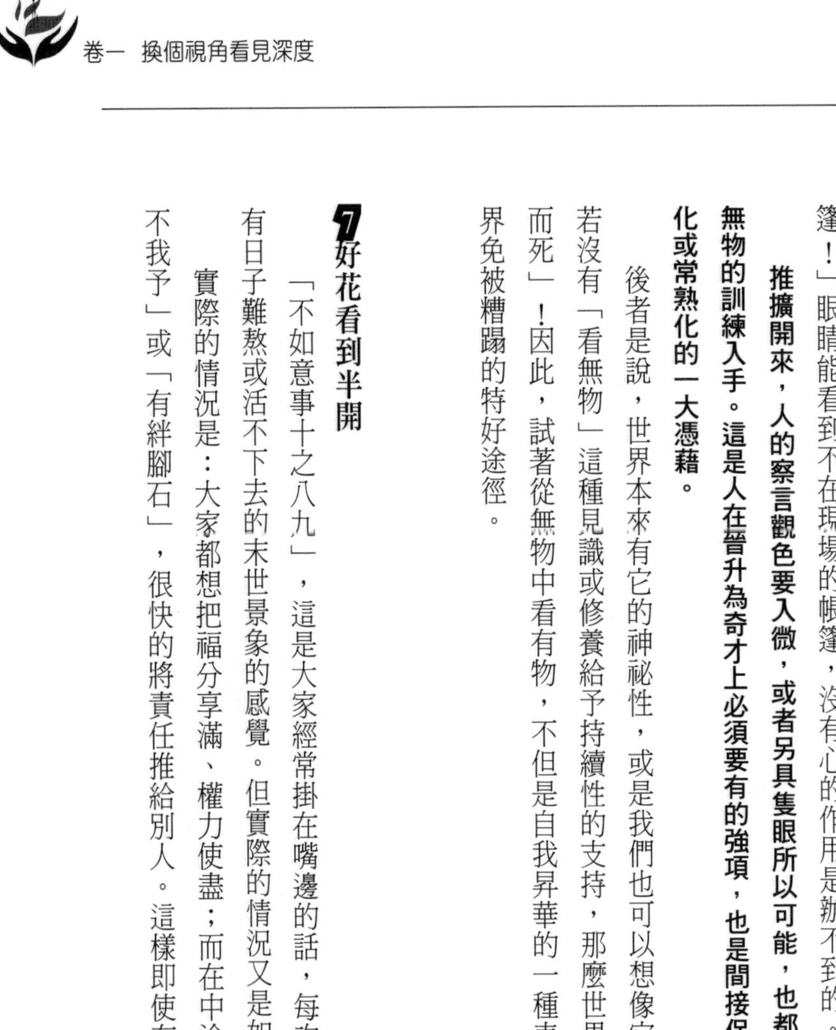

是行星，但即使是……」福爾摩斯說：「你這個白痴，這表示有人偷了我們的帳篷！」眼睛能看到不在現場的帳篷，沒有心的作用是辦不到的。

推擴開來，人的察言觀色要入微，或者另具隻眼所以可能，也都得心眼合一而從看無物的訓練入手。這是人在晉升為奇才上必須要有的強項，也是間接保障世界不會被簡單化或常熟化的一大憑藉。

後者是說，世界本來有它的神祕性，或是我們也可以想像它奧妙無比，但倘若沒有「看無物」這種見識或修養給予持續性的支持，那麼世界很快就會「乾枯而死」！因此，試著從無物中看有物，不但是自我昇華的一種表現，也是挽救世界免被糟蹋的特好途徑。

7 好花看到半開

「不如意事十之八九」，這是大家經常掛在嘴邊的話，每次渲染開來，都頗有日子難熬或活不下去的末世景象的感覺。但實際的情況又是如何？

實際的情況是：大家都想把福分享滿、權力使盡；而在中途受挫後就說「時不我予」或「有絆腳石」，很快的將責任推給別人。這樣即使有再好際遇，也都

會被想像成「頂級的那個還沒有出現」。

從人是在「網絡」中存在的角度看，有他人、他物和他境等在牽扯，如何能保有純粹一己的所欲、所行和所得？就像帕克《碎瓷片》一書所說的「一陣風吹來，關上一扇門的同時，通常也會吹開另一扇門」，在所有互動形式中，永遠會有不讓人獨享一切的制衡力量。因此，抱怨老天不公或他人阻擋，就有欠聰明和無力自我安頓。

那麼怎樣才算夠聰明和有能力自我安頓？這個答案得等各人自行摸索後才會確切的知道。但不妨從「好花看到半開」這句俗諺所隱含的道理著眼，以便廣開胸襟容納一切可能的「扯爛汙」的挑戰。因為知道好花看到半開的時候，所以不會把後來的枯萎歸諸外力的橫加摧殘；自然人生的困頓和挫傷也無所反噬喪志了。

這點再進一層，就到了通曉「適可擁有」的階段。換句話說，爭權受福這等事究竟要保留幾分，必須妥為權衡。好比一個讀書會成員所領悟的「聽到掌聲時，起身離開」；否則，貪欲就會悄悄地從心底爬出來作祟。

8 閱讀越界

「隔行如隔山」，這句俗話道中了知識分工、技術區隔的嚴重性：有人出了自己所熟悉的領域，就像白痴；有人終身守在自己的象牙塔裏，唯恐一離開就會死無葬身之地。

這是西方創造觀型文化內的受造意識普遍推銷的結果：人人都在仿效上帝造物「個個井然有別」，終而發展出「樣樣專精」的東西，讓後來人疲於奔命的窮迷戀，卻大感不勝追隨。

因為沒有機會跨界久了，所以常會懷疑別人「活著有問題」。像當年柏拉圖在他的學院門口所寫的「對幾何無知的人不可進入」那句話，至今依然有人信守不渝，彷彿只有他懂的學問才是有價值的。

至於少了感性待物的人，則又比比皆是。如賀奇生的詩所說的「理性有月亮相伴；月亮卻不歸屬於她。／投映在鏡面般的大海上，／困惑了天文學家，／啊，卻討好了我」那種情況，就只能在少數詩人間傳誦，科學家常常嗤之以鼻！

文明越昌盛，人和人的溝通越困難，這恐怕是註定的命運了。而要改善，或許只有靠「閱讀越界」才能勉強辦到。這種越界閱讀，不僅是彼此讀對方所熟悉的書，以便了解對方的想法而已，它還得一併去探索大家為什麼會這般分化。

跨了一個更大的界域，我們的心靈才會回轉來思考：如果不分化，那麼過去無法包容的人事物，現在都可以讓它們回填，從新活過。

9 深入文字的世界

中國人信守「氣化觀」這種世界觀，一切講究仿氣的流動而重和諧且不造作；而西方人則信守「創造觀」這種世界觀，一切講究追隨造物主的風采。

這顯現於文字的創造上，在中國乃屬內在於人體中精氣的能耐，且因像氣賦形而方塊圖像化；在西方則僅將造物主所賜予的語音藉符號加以表出，終而成線性音律化。這使得中國有文字可說，而西方則只限於語言，彼此的世界劃分兩個陣營。

像「自」字，原為「鼻」的本字，因為古人說教時習慣指著自己的鼻頭，所以轉為「我」義而另造鼻字以還原它的本義。重點在於那一抬手指鼻的動作，必須熟練優雅而讓人感到氣順流暢，才算高明而有人願意受教。

又像「氣」字，本義是餽贈客人小米，後來代替雲气的「气」字，就再造「餼」字來保存本意。但為何從气構字，卻沒有人能講清楚。其實，這裏面也蘊涵了送東西給人要像氣的流動那樣和順有禮；否則受禮的人心裏會不舒服。

又像「美」字，它從羊大構字。有人說那是羊長大肉鮮美的緣故，但無憑無據，因為牛豬長大也一樣肉鮮美，為何不取牠們來構字？事實上，在氣化觀底下，凡物能順遂成長的都是好事；而羊比牛豬較緩慢成長，以至造字的人看到羊長大，就會覺得那是再美好也不過了。

可見只有中國文字才有這種奧義存在，西方拼音文字則無法從字形去作同樣的推測；而想對自己所屬文化有多一點的感情，也勢必要深入文字的世界才有可能。

10 從小看大

古老的相人術，有一條規律叫「三歲看大，七歲看老」。這是從見微知著的經驗法則衍生來的，意思是：一個人小時候的個性和表現，可以據為推測他長大、甚至到老的情況。

這總稱為「從小看大」。而它除了上述這種向度，還有從小事看大事一個類似的向度。像喜歡吹牛而討點別人歆羨眼光的人，一旦牛皮吹破了，他就會信

用破產，到處遭人唾棄。所以我們可以從他一張嘴，就看到了這一「嚴重的後果」。

在探索知識上，也是這樣。有些人會注意細節或小東西，而繁衍連結到大事件或特殊情境。好比麥克法蘭等所著《玻璃如何改變世界》，就從玻璃這種小東西發現了現代都市興起的秘密；而蘿絲．喬治所著《廁所之書》，也從廁所這種細節及其連帶的衛生設施，追探到了一條文明進化的途徑。

此外，像布萊耶爾所著《頭髮的歷史》、葛雷瑟所著《鼻子》和余赫多所著《放屁是有學問的》等，也從頭髮、鼻子和放屁等微不足道的生理現象，察覺出了跟時尚、科學、商業、文學、藝術和旅遊冒險等有所掛搭。這些都是「從小看大」的好例子，大家也會從那裏得到特別的知識饗宴。

吹牛會被看出整個人毫無信用，從細微處著眼建構知識會帶給人心靈上的啟迪，這無異在暗示：一切都從小地方發端，而人能否「慎始」做有意義的事，也就成了他未來成敗榮辱的關鍵。因此，回到前面的相人術上，不被人看壞長大和年老，就得自我約束惕勵，朝著正向光彩的路途邁進。

11 誰比較野蠻

早期的人類學家，都喜歡帶著有色眼光去看待別人，說那些不如自己文明的部落是原始的、鄙斥還停留在茹毛飲血階段的羣體是野蠻民族。他們這樣片面評斷、自我得意，強把這個世界一分為二。但他們卻沒想到，別人也會有一套「反擊」野蠻的觀念。

不就有這麼一個故事：當食人族從一位人類學家口中得知「美國人殺了那麼多伊拉克人卻不吃他們的肉」時，都很驚訝的表示：「不吃敵人的肉還將他們殺死，美國人怎麼這麼野蠻！」試問有那個人分得清食人族和美國人「誰比較野蠻」？

從許多跡象來看，說人家野蠻的人，除了顯現一種不合理的權力凌駕外，還嚴重忽略因為「野蠻」才有的創造力。換句話說，「野蠻」的衝勁和熱情是一切文學藝術的基礎；而「野蠻」的衝勁和熱情所釀發的想像力，則又是一切文學藝術所以能臻上乘的憑藉。反而是自居「文明」的人，只合去研究那些文學藝術的內在邏輯或形式規律，根本無力再行創造同樣作品。

好比「無色的綠思想喧鬧地睡覺」、「時間的熾熱一直持續到睡眠為止」和「你講話多汁」等，它們所分別要表達的「茂長的思緒」、「無止盡的煩躁感」

和「口沫橫飛」的意境，無不顯得原始的生命力十足；而文明人卻只能分析分析它們的理路而望「美」興嘆！

可見野蠻和文明的區分，並不能帶給我們智識上的成長；只有回過頭來認真的對待每一件「特殊的案例」，我們具潛力的心靈才會開始躍動。

12 留影

照相、錄影、畫像和看鏡子，我們都會發現一個假的自己。這種假，不只是我們在擺一個「不實在的樣子」給自己瞧，它還包括相片、影像、畫布和鏡子裏面的人已經不再「活生生」，跟實際的自己完全是兩回事。

既然這樣，那麼人為什麼還要留影？原來這涉及一個根源性的恐懼問題。也就是說，我們給自己留影，是因為駭怕容顏老去，整個行動不啻帶有相當程度的悲劇性。而為了消除恐懼，只好不斷地照相、錄影、畫像和看鏡子，藉著那些持續性的動作來偽裝自己早已了脫。

如果換成我們看別人的留影，那麼這又是另一種心情。小說家普魯斯特說：「看著某人的相片，喚不起什麼回憶，反不如憑空想像。」這道出了我們不會隨

同對方一起哀悼，只會平添些許困惑情緒：為什麼我對他一點印象也沒有？因此，留影就真的只合自我憐憫，別人無法分擔你的心事，也不會施捨同情給你。

明知道時光在流轉，生命也不停地在起變化，卻還要去留影來增加內心感傷的重量，這究竟是聰明還是愚蠢，應當很容易判斷。

不過，這倘若是要作為憑弔生命消褪的見證，那麼評價它就得另當別論。換句話說，沒有理由不准許自己用留影的方式來保存一生中最具實感的悲壯美，它的價值可以累計和試為推廣。只是我們還得練就一種韌力：看多了留影，別掉眼淚；並且在懷舊的過程中，沉浸進去，不要忘了出來。

13 災變後

「只要有可能發生的事，就一定會發生。」這條墨非定律，不知道成功的預言了多少事，總覺得它像廢話，卻又「無理而妙」得很！好比每一次的災難，根據經驗法則，它的發生都在頻率內，但我們就是無法說得像那條定律般的傳神，彷彿有「又給你說中了」的嘆惋感。

不論災難是否一定會發生，只要它真的發生了，我們就得正視它且有效的來

因應。而這當中要數自然災難最讓人刻骨銘心，也最讓人無法諒解：為什麼它會報應在你我身上。這時我們就不能只是望天興嘆而已！

有人看到「地球發燒」了，馬上想起盧騷說過的話：「自然從未欺騙我們，一直以來都是我們自己騙自己。」因為我們騙了自己「自然不會反撲」，所以自然就反撲了；而反撲了的自然，最嚴重的就是奪去我們的家園和性命。在這個過程中，一定有我們對不起自然的地方。

這種對不起，大家所能想到的都不外「濫墾、濫伐、濫建」一類的因應欠當，根本不知道那全是由於「人太多而需求過盛」的緣故。倘若不是人太多而需求過盛，也就不會去濫墾、濫伐、濫建，終而導致大自然的反撲。因此，釜底抽薪的因應辦法是，大家不要執迷於「現實的美好」，在生命的流轉中不斷地「乘願再來」。

地球人口過剩的壓力，始終是大家無法維持穩定和諧生活的一大原因；而不要紛紛急著乘願再來，讓神秘界和現實界處於平衡狀態，也許才能一舉解決當今災難頻傳的恐怖問題。

14 哭與笑

據沃特《重返人類演化現場》一書所說，人會哭會笑，都是演化來的。這是比較其他靈長類動物缺乏哭笑特徵而論斷的，並沒有可靠的證據。

其實，其他動物也有哭笑情緒，只是方式不同罷了。像珍古德在做研究時就發現：她把香蕉藏起來，讓一羣黑猩猩去找。當中一隻無意間尋獲了那堆食物，就在牠興奮的要呼叫時，立刻伸手摀住嘴巴，不讓聲音發出來。可見黑猩猩也是會笑的，只不過牠臉上的表情不及人豐富罷了。

至於哭的部分，有一次我在墾丁牧場近距離觀察那裏的牛隻，牠們臉上幾乎都有兩道深深的淚痕。也許是牠們知道了自己的命運，暗地裏哭了一回又一回。只是牠們哭時不像人可以聲嘶力竭，所以都沒有被察覺。

顯然人有的苦痛和歡樂的情緒，動物也有；而依泛靈論所示，可能連植物和礦物都有類似的反應。因此，要說人特別優質或說人在演化中晉級比較快，不啻是高估了自己；更何況還有達爾文所指出的「人發笑時，臉部表情看來和人哭泣時並無二致」，試問這又顯示了什麼樣的進化？

但話說回來，人會偽裝哭笑，而使得哭笑不再是一己情緒的流露。像這種強使哭笑變成某些「倫理訴求」的媒介，大概是其他動物遠遠不及的。如果要說這

太過「背離自然」的情況也是演化來的，那麼我們就真該憂慮，因為人類正在史無前例的破壞大自然，而造成演化規律的恐怖化！

15 窮人與富人

倘若以擁有金錢的多寡來劃分，那麼世上就有兩種人佔據光譜的兩端：一種是窮人；一種是富人。前者經常坐吃山空，寸縷為艱；後者聚斂無度，一生享受不盡。

上述兩種人，未必是一個不努力賺錢而一個但憑僥倖；他們大多都很賣力工作，但卻窮者恆窮而富者恆富，這中間必然有難以測知的秘辛在。

縱是如此，窮人想要脫貧如果只是「意在攢大錢」，那麼他很難不會繼續失望，因為他可能要別為找尋出路而卻被自己耽誤了。同樣的，富人最後如果只是像猶太教經師拉比們喜歡說的「螞蟻只需要兩粒麥子，就能度過整個冬天，但卻不停工作，積累了一大堆糧食」，那麼他終究也要糟蹋了他所擁有的多餘錢財，因為那些錢財並沒有發揮什麼作用。

至於光譜中間不窮不富的人又如何？他們還是會妄想有一天家財萬貫，可以藉來改善「不太有利」的處境；但大多時候，他們有機會得到卻不一定能恆久享有。好比有項調查，發現一些中樂透彩的人，不是興奮到心臟病突發而一命嗚呼，就是很快把彩金花光而回復原先狀態。

其實，這種種現象都來自對金錢的迷思。正如邦德《錢的教科書》一書所說的「金錢所以問世，來自人類對公義的渴求，對更美好世界的期望。隨著時間不斷逝去，人性也在金錢中沉澱」，被金錢框住的人性是無緣崇高的。

因此，窮和富的界線，就在人的一念之間：看開了或另有成就，就無窮無富，也不再自我折磨。

16 綠豆算與水果聖代

思考解決問題，可以考驗一個人的本事。本事強的人，問題解決得漂亮；本事差的人，可能解決不了原問題又衍生新的問題。而重要的是，本事怎麼練成。

大家都知道綠豆算，也叫綠豆蒜或綠豆饌，是先把綠豆去皮煮熟，然後加冰水而成。由於原綠豆味在加了冰水後稀釋掉了，所以吃起來就「口感變差」。這好比有好材料，但不善利用的人無法把它們組織起來解決問題，憑空讓那些材料閒置而徒留遺憾。

還有水果聖代。這是將一些水果放在冰淇淋上面的冰品，看來很美觀，卻又嫌草率矇混。正如有人隨便拼湊了一些材料，就想藉它來解決問題，結果是沒有一樣「對治」得了，因為那只是生搬硬套、根本不曾組織而讓原問題如數存著。

既然上述兩種解決問題的模式都缺乏實效，那麼究竟有什麼其他的好方法可以採用？這不妨以「脆皮雪糕」來作比喻：脆皮雪糕的製作，必須有牛奶、香料、巧克力和花生等材料，它們除了可以保留原味，還能產生新感覺，遠非綠豆算的變淡或水果聖代的雜湊可以相比。換句話說，你只要能有效的組織材料，就一定有辦法妥善用它來解決問題。

此外，脆皮雪糕本身是一種重組後的新產品，它恰似人即使解決不了問題，也會因為有該新組織材料的經驗而成就另一種品味，它同樣有助於別一階段的思考風華。

17 深刻與淺白

人的思維有深刻和淺白的差異。後者的訴求對象是尋常人；前者的訴求對象則是非尋常人。

哲學家尼采曾經說過：「思想深刻的人，會設法儘量把話說清楚；而想要表現得深刻的人，則會故意含混其詞。」所謂的「把話說清楚」，就是淺白，希望一般人都聽得懂；而「含混其詞」，則是深刻的近似詞，只期待高明人來領受。然而，深刻和淺白是否如尼采所說的可以在同一個人身上具備，不無疑問，因為那是兩種不同的思維模式。

通常有所謂「深入淺出」和「淺入深出」等用來指稱某些「善於說話」和「不善於說話」的狀況，似乎都沒有人質疑：深入真的可以淺出，淺入真的可以深出嗎？依我看，大概只能深入深出或淺入淺出。理由是深刻的道理已經深刻了，就不可能把它講得淺白；而淺白的道理已經淺白了，也不可能把它講得深入。

深刻和淺白所以不交集，是因為它們分居光譜的兩端，沒有人能夠跨越過去相涉。不過，在光譜中間的模糊地帶，倒是有不少深刻和淺白混淆不清的情況。如「忍是肉體的小心和道德勇氣的混合」、「只要我們還能說這是最糟的，這就還不是最糟的」和「老師要讓自己在學生面前愈來愈不重要」等，這分別為哈代、莎士比亞和若瑟說的話，誰能分得出它們究竟是深刻還是淺白？因此，除非你已成名，不然不從光譜兩端擇一，就很可能陷入這中間模糊地帶，屆時就真的

「淺顯不了，又高深無望」，很難在人間立足。

18 平等假相

近代以來，西方人習慣於追求平等的價值；而平等又經常跟自由和博愛結成一體，透過文化傳播而成了普世的風尚。只是平等究竟是怎樣的「平等」法，卻又見仁見智，沒有一個準的。

有人講究人格平等，但對於自己的兒子準備娶從良的女子為妻卻無法容忍；而像芬蘭這個國家，訂了交通法規要平等制裁每個違規人，卻可以對一個富人開出一張相當二百四十萬臺幣的罰單。

這不啻說明了不可能有平等這種事。凡是標榜平等精義的，都是在特定時刻和特定場合，經某些有權的人協商訂定出來的，大家實際享受到的「平等的好處」並不相等。因為這裏面有認知的差異、情緒的好惡和社會文化條件的不同等變數存在，沒有人有辦法把平等的理念塑造到凡事真的「既平又等」。

過去流傳一個笑話：上帝問大家想要什麼。美國人說要第二輛車；法國人說要第二個情人；英國人說要第二幢房子。最後輪到俄羅斯人，他說：「我自

己什麼都不要，把我鄰居的房子燒掉就行了。」俄羅斯人所在意的平等，是以不承認別人可以跟自己不一樣為前提，既濫用自由又缺乏博愛，顯然不大美妙。

可見所有平等的踐行都是假相；而世人長久「謀虛逐妄」的結果，就是更多的衝突和紛亂。因此，洞悉這個道理後，我們就得另尋有效保障每個人「適性順情」發展的空間，才是合理的作法。

卷 二

創意人生

達文西說過：「一日充實，可以安睡；一生充實，可以無憾。」放在當前，我們可以再加一句「一心仁慈，可以太平」；而這得靠新存在觀念來實踐完成。

＊卷二　創意人生

1 聰明人的地圖

很難想像沒有地圖，一個人可以獨自到陌生地方旅行；同樣的，如果沒有購物指南、圖書資訊和文化譜系等類地圖，我們也不可能順利找到自己想要的物品、書籍和生活品味。換句話說，我們腦海裏都得裝進許多地圖，才能過秩序化或稍有格調的生活。

從另一個角度看，地圖的指引功能，在利用上也是讓人轉便利應世而顯聰明的憑藉。正如有些人得了城市地圖、公廁地圖、藝術地圖和危險地圖後，就可以自我服務且避禍求福；而喜愛大自然的人，有了山川林野地圖和蝶舞蟬鳴地圖，也無疑更能採取到跟「萬物一體」的樂趣。

再進一層，勢必要有聰明人自創的地圖，來顯示一種「主體光華」或「超卓能耐」的回饋世界的願力。而這也許會像迪士尼那樣，始終在「嘗試一些似乎不可能的事」；或者喜愛上艾倫《惡魔花園》一書所指出的「破壞規則的衝動」，使得在利用和創發等兩面性上充滿著「隨時可能新奇」的不確定變數。

像這樣，聰明人的地圖，就是「沒有一定的地圖」；而它的止限，應該是在

反過來藉地圖宰制別人或愚弄別人。所謂「地圖是歷史上贏得戰爭的強國做出來的，正如同歷史是贏得戰爭的強者所編撰的一樣」這一加哥雅的義憤指控，不就是當中有相關的「逾量」表現所促成的，理當要受到嚴厲的譴責！

2 天才的秘密

謝靈運曾經評斷過「天下才共一石，曹子建獨得八斗，我得一斗，自古及今同用一斗」，說得好像才華都被他和曹植得去了。其實不是這樣，它應該像趙翼所說的「江山代有才人出，各領風騷數百年」，每個時代都有不世出的人才。

這種不世出的人才，一般稱作「天才」。天才，有「天縱英才」和「天啟英才」兩義。前者是「與生俱來」的，後者是「感靈而有」的；二者在難以分辨的情況下，就都歸給天神的眷顧，說當事人獨蒙榮寵而被啟導出眾了。這說來不算光彩！

像愛因斯坦就曾被啟靈過，所以他才會說「我們能夠經驗的最美好事物都是神秘的，神秘是一切藝術和科學的來源。」此外，發現苯分子結構的凱庫勒和創

作《魔鬼奏鳴曲》的塔爾蒂尼，也都經歷感靈的過程才有那些凸出的成就；他們都不是憑己力把人生推到高峰的。

可見天才就真的是「天才」。如果是「人才」，那麼他沒有經過一番淬鍊，才氣是不可能憑空出現的。因此，邁查克《創意的技術》一書所提到的「天才用嶄新的方式結合訊息，才產生創意」、「天才所以為天才，是因為他們知道『如何』思考，而不思考『什麼』」等說法，就只是已經脫胎換骨的「人才」有的作為，離那突然飆高創造力的「天才」遠了點。

❸新觀念

從上個世紀以來，各種學科的理論層出不窮，多少都可以跟具體的人生連上關係。像愛因斯坦所說的「地心引力不能為墜入愛河的人負責」，就是他的另一種相對論；而作家路易斯所說的「愛得不快樂，有時不是愛的欠缺所引起，反而是愛得過剩所造成的」，則也呼應了正宗相對論的觀念，都讓人覺得物理／人文相似極了。

善於思考的人，還可以從各種學科的理論中汲取資源，開啟人生的新方向。

好比混沌理論的「非線性秩序」觀念，就可以援引來試著改變自己一成不變的線性人生觀，從此有多目標的追求而給生活增添異采。又好比複雜理論的「偶發變數介入影響全局」的說法，也可以強取來勉勵自己在每一個點上用心或精采過活，最後一定會有意想不到的收穫。

還有較後出的「小世界理論」，如果也能借鏡，那麼你就可以從「線性人生」過渡到「非線性人生」和「複雜人生」，再到「連結人生」，而充分享受到「豐富人生」的樂趣。當中「線性人生」只能保證你過有基本尊嚴的生活；而「非線性人生」和「複雜人生」則可以帶給你處處驚喜；至於「連結人生」，那就無異在提醒你別痴心妄想影響或支配很多人，因為你所能連結的人其實是很有限的。這樣「做足了」、「想通了」，人生不就很豐富有趣了？

政治家布萊恩說：「命運無關機運，而是選擇；你不能坐等命運到來，而必須主動去開創。」一個隨時知道吸收新觀念的人，命運勢必會牢牢的抓在他手中。

4 創意人生

對大多數人來說，如何在蒼茫天地間找到可以立足和發展的場域，想必是最

感困惑和挫折的一件事。李白〈將進酒〉詩說「天生我材必有用」，這很能安慰人心；但問題是我們自己有多少才華，以及怎麼用到可用的地方，卻依然沒有答案。

雖然如此，我們還是可以自勉當一個擺脫凡庸而向卓絕境地奔躍的新鮮人。在這個過程中，隨時以展現有「創意」的成就自期，而將日常瑣事和謀食困頓等際遇淡化或延後計慮。像經常借貸無門的莊子和臨終前還賒欠人家一隻雞的蘇格拉底，都沒有因為貧窶而減卻他們創發「自然之道」和開啟「辯證探尋真理」風氣的志向。縱使已過了兩千多年，他們的創見仍舊在熠熠發光。

從西方人的宗教信仰立場來看，所有的創意表現可以隨同神學家英格所說的都是「沒有被發現的對上帝的抄襲」，但如果改從人類的歷史長河裏哲學、科學、文學、藝術等一波又一波的翻新事實來看，透過「製造差異」來達到顯現創意的目的，這不但可能，並且還會是今後我們脫困晉升的不二法門。

有一本題為《誰搬走了我的乳酪》的童書提到：「如果你不改變，你就會被淘汰。」這對照哲學家巴斯卡的說法「現代人都是站在古代巨人肩膀上的侏儒」，正好給了我們一個「矛盾」反思的機會：如果你真的不改變自己而去努力站上古代巨人的肩膀，那麼還呆立在地上被淘汰的那些侏儒的名單裏一定有你。

5 世界可以靠我

日出日落、四季循環，風雨交替……這個世界如果從曠野或林藪的角度看，似乎一點也不需要我們操心，因為那一切景象都自然活躍得很；但如果把視線轉移到人聚集的地方，那環境破壞、汙染和喧鬧躁動等，就會讓人怵目驚心而不由得要憂愁起來。

部分有心人都試著用宏觀的方式來理解這個世界，並且給予自認為中肯的評斷，如有的說世界是平的；有的說世界是彎的；有的說世界是破的；有的說世界是黑的。這不能說有什麼問題或矛盾衝突，只是都嫌缺少有效的救治策略。畢竟大多數人早已被高度的物質欲求佔據了，終身汲汲營營，一點也看不到頭上的青天已經滿汙、地上的生態已經失衡，隨便嚷幾句勸他們回頭是沒用的。

那麼我們是否該對這個世界徹底失望？也不盡然得如此。只要把競爭、奢華的心放下，就不會轉生「塵世急迫感」而參與耗用有限資源的行列；而對眼前千瘡百孔的世界也會開始有點「獲得改善」的信心。

大家得知道，在地球這一封閉的系統裏，除了質能無法轉換可能趨於一片死寂，此外所有的生命都要在這個空間無止境的流轉。因此，當我們「下一回」再來的時候，所有自己種下的惡果都得由自己承擔。試想誰還會駑鈍到參不透這個

道理而「愚勇」於自作自受？

總括來說，這個世界的沉疴是可以靠我們自己予以診治的。凡是損人利己、窮竭資源的勾當，都會遭到「長遠的報應」；不如除卻一顆貪婪競侈的心，以便永保處世無虞，這樣世界就形同是得到了拯救。

6 N度空間的智慧

依照佛教的說法，有無數的「天」，而根據禪修者的體證，也有很多的「禪境」；這都暗示我們所經歷或可以經歷的空間並不單純。

從經驗面來說，我們所能感知的有：平面的二度空間、立體物的三度空間、時間介入的四度空間、聲音或光線摻和的五度空間和地心引力磁吸的六度空間等，這些如果能一一細心的去體會，思維面向的拓寬應是很可觀的。

再從理論面來說，還可以再增加外靈、在地外星人和不知名的外物等所在的空間。這些雖然大家未必都能感受得到，但整體上「空間」這個概念已超出一般人所能想像的範圍。

此外，倘若還有人的意識形態和權力意志從中操縱，那麼空間的認知又會出現另一種變化。好比歐洲人所畫的地圖，會把歐洲畫在中心位置；而社福機構所畫的地圖，也會特別標出無障礙空間而忽略其他的標的物，這就造成空間觀念的「極大化」歧出。

由於有上述物理空間、心理空間、神秘空間和社會空間等的交錯衍生，所以我們面對的可說是一個N度空間，永遠無法十分清楚自己「居於何處」又「能往何方」。剩下來的，就是如何在瞬間不變的空間感裏培養「唯變所適」的智慧。而如果有餘力，還可以往主導風尚的「唯適所變」的途徑邁進。

這樣我們就會逐漸意識到一個曠古視野的開啟。換句話說，只要相應於N度空間的展演而生出的智慧，一定足夠應付千百事物，從此能宏觀細審而不再執著於一偏；而因為眼前沒有了緣拘泥而無謂攪入的障蔽，視野就無限寬廣了。

7 新存在觀念

我們都很習慣自己的存在，不會懷疑它是否有問題。但認真想想，卻又未必。比如我們是以什麼存在？身體或意識，還是欲望？誰能說清楚它們的分際？又比如我們是為什麼存在？自己或他人？還是某種信念？誰又能講明白當中

的奧秘？

可見思考存在，就像在全暗的房間抓一隻黑貓，難度可想而知。然而，這又不能不嚴肅面對，它攸關著我們「活著」的意義和價值。也就是說，存在感是貫串人生的一道清流，它永遠在提醒我們要真切實在的「活下去」。

過去許多人受到哲學家海德格那一「人是向死的存在」說詞的感召，紛紛重視起走向死亡前的分分秒秒，不輕易虛擲浪費人生。後來資訊社會形成，活著和死亡變成是可以拆解和重組的遊戲，莊嚴感不見了。直到上個世紀末，資源枯竭、生態失衡、環境破壞和核武恐怖等危機出現，才又喚起大家可能「沒有明天」的另一種存在感懷。

如果說早期存在是為一己的榮辱，那麼現在存在就是要為人類的前途。地球正在發燒，大自然持續反撲；我們每吞吐一口氣息，世界就劇烈變動一次，沒有人可以自外於捍衛讓大家「一起活命」的責任範圍。

達文西說過：「一日充實，可以安睡；一生充實，可以無憾。」放在當前，我們可以再加一句「一心仁慈，可以太平」；而這得靠新存在觀念來實踐完成。

8不加標點的人生

考察世界現存的文字，可分為形系文字和音系文字。而形系文字只存漢字，其餘都是音系文字。這表面看來，似乎只是文字的形體和發音不同而已，但其實二者大異其趣。

音系文字，以符號紀錄音，為求「音音判別」而不相混，一定得藉助標點符號來斷句，以便定音、定義和定思維方式；而形系文字，則字形本身已經自足，根本不必用到標點符號，並且它的思維方式也因為文字媒介的方塊性而走向「毋須精確」的圖像化道路。

反觀音系文字中的思維，由於「必要線性」規範，所以它就會走上音律化的道路。而思維音律化後，人生就必須「加標點」來顯示它能「直線衝刺」或「激切進取」，直到停下來或落幕為止。因此，才會有「最大的風險是不冒險」、「沒有大膽的猜測，就不可能有偉大的發現」這類分別為薩斯坎語和牛頓語所帶出的觀念。但也因為這樣，音系文字的使用者，特別是西方人，汲汲於「駕馭」地球以顯現自己的強能，而造成生存環境越來越匱乏和失衡的嚴重後果。

這時不盲目步他們的後塵，而回返自我傳統「不加標點」的人生觀念範疇，重拾圖像化思維的渾含性和「跟萬物同體共生」的和合性，也就成了緩和或制衡

前者「造惡業」的一股力量。正如有間清淨寺的對聯所說的「道通天地有形外，思入風雲變化中」，只要知道相應於天地風雲的自然存在規律，就不會有破壞地球而恐遭反噬的心理負擔。

9 生涯規畫的弔詭

古語有「人無遠慮，必有近憂」，它所要警惕人的是，凡事想得不夠深遠而貿然去做，很快就會搞砸。而將它放在生涯規畫上，似乎也可以產生啟導醉生夢死者的作用。

然而，實情可能無法這麼樂觀。生涯規畫動輒幾年或一輩子，而這中間有太多的變數，包括人會見異思遷，遇到挫折打退堂鼓或心有餘而力不足，以及受外力阻撓或天不假年等，都會造成生涯規畫「形同虛設」。

更何況還有人根本不覺得生涯規畫有意義！像建築師蓋瑞說的：「我不知道要去那裏；如果我知道，我就不會去了。」這是把無限「創新前景」當作挑戰，對於一般按表操課式的人生完全不屑一顧。因此，所謂的生涯規畫，說穿了只是平凡人的一張老舊的地圖。

這就是生涯規畫弔詭的地方：一方面人會覺得沒有經過規畫的生涯很難過得滿意；但另一方面真有了生涯的規畫人又會不敢嘗試新事物。這種內在不協調性，思想家厄爾慈有一個生動的比喻：「人人渴望永生不死，卻不知道在下雨的周日午後該做什麼事情。」生涯是規畫好了，但它同時也把不在規畫內的「彈性追新」意念澆熄了。

顯然過度或刻意規畫生涯不是一件好事，我們應該將心力用在「當下」充實或裝備自己的才學，隨時權衡時機而做最有利的選擇來開創前途。這樣即使還是給人「沒章法」的感覺，也會因為步步有精采的表現，而實際上比那些仍在耽溺生涯規畫的人過得愜意。

10 簡樸

放眼看去，有人住豪宅、開名車、穿華服、嚐美食，享盡人間榮華；而有人卻貧病交迫，不但三餐不繼，還得忍受別人歧視的眼光。兩極端的高度不平等現象，最會引發人思考「命運擺布」的問題。

此外，不上不下的居中一輩，不是唯恐掉落底層，就是奢望擠進上層，徘徊

游移儼然不安的場域。這些人看似社會的「穩定力量」，實則隨時都會爆發「求富貴」的風潮。他們未必會同情底層的人，但對於上層的人一定會怨怪老天看走眼，因為命運給了他們太多的福氣！

似乎只要抬出「命運」，一切的不公就可以得到解釋；而在金字塔頂端的人也會暗地慶幸福報得來全不費工夫。然而，很少人會考慮「富有」所代表的意義是什麼？它究竟是可以用來「驕」人，還是可以用來「霸」世，或是可以用來「役」鬼神，誰也講不清楚，最後只好任由「富者仍富」，而「未富者望富」，讓地球沉重到瀕臨內爆的地步。

這是不懂簡樸過活的結果。競富的下場，是把地球當車子予以瘋狂的駕駛，一不小心就會撞個稀爛。反過來，簡樸是在進行呵護，不會讓地球超速，也不會迫使地球自我毀滅。因此，像薩克斯《終結貧窮》這樣的書所極力推銷「大家都富起來」的策略，就很不切實際。畢竟只有簡樸，我們才能安然存活，不會掛慮富有，也不會在意貧窮，地球從此也才能減去過多的負擔。

11 行銷自己

商品化的社會，只要可藉來牟利的東西都會被推出來行銷；以至於農漁業和工業產品不足以充當，就會連品牌設計、廣告文宣、社區營造和人體聲望等也要軋上一腳，使得到處都看得見「商品」滿溢。

這種一如李維特等在《超爆蘋果橘子經濟學》書中所勾勒的「人們會對誘因有所反應」的環境，顯然也很難避免「行銷自己」的發生，因為大家都駭怕失去牟利的機會。只不過把自己當商品推銷出去，不僅在牟利，還為了貪名。就是這牟利兼貪名的驅使，行銷自己成了時下特別可觀的景象。

好比政治人物拚命的作秀、演藝人員在攝影鏡頭前賣弄風騷、作家辦新書發表會和社會人士上街賭運氣等，無不是擔心「錯過了機會」就甭想名利都沾了。

然而，行銷自己和行銷商品一樣，都秉著同一種資本主義邏輯：也就是深受供需法則的制約，背後是一個包括經紀人、通路和消費者等「生產鏈」的網絡，根本沒有個人的自主意識。因此，行銷自己也就不得不有「摻假」成分。正如藝術家貝根所說的「當人了解自己只是一項更大計畫中的『意外』或『偶然』後，他只能『自欺』或『自娛』一陣子」，想要行銷自己的人，都得面臨這樣的終場。

現今社會不斷鼓勵大家自我包裝來行銷自己，結果只是促成更多「造假的面孔」，試問我們還要上當嗎？倒不如老老實實做一些有意義的事，讓聲名「不脛而走」，才是正途。

12 如果有一天倒長了

費茲傑羅的短篇小說〈班傑明的奇幻旅程〉，改拍成同名影片，敘述一個人出生時八十歲，然後倒長回去，直到嬰兒死去。

小說最令人惻怛的是，主角班傑明倒長到跟兒子一樣大，一起上大學，常被他兒子「恥以為伍」；然後他越來越小，而他兒子越來越大，卻還要叫他爸爸，只好對他頤指氣使，讓讀者看得猛打冷顫！

這是設想倘若有一天人倒長了，那麼他將會遇到什麼難堪事，頗有「預警」作用。只是電影並沒有「照實」拍，反而把班傑明英雄化了，讓人感受不到裏頭的「衝突」張力。

「倒長」到現在還是一種浪漫的想像。它或許會在諸如基因改造、藥物誤植和時空劇變等變數介入下成真，但目前可以肯定人還沒有這種機會。雖然如此，

我們在心理上仍然可以認同有倒長的可能性。這不是一般人所說的返老還童那種「假」情況，而是真真實實的重回未誕生的階段。

世上苦難如此眾多，而安分過活的人又顯不出什麼尊嚴，還真應驗了生態學家威廉斯所說「安全是一種死亡」的話。因此，如果那一天真的有機會倒長，那麼我們也許會更知道去思考來到塵世的意義，畢竟到那時我們有的是時間驚訝於「一事無成」是多麼有損顏面的事！

至於生理還在順長，而心智卻已經倒長的人，更應該引為警惕；否則真的發生倒長的事後，你的眼前只有一條「永恆倒退」的路。

13 悲劇使人偉大

如果沒有意外發生，人生是一段相當漫長的旅程。在這段旅程裏，有人庸庸碌碌的白走一遭；有人驚濤駭浪的過的極度辛苦；有人風風光光的活到謝幕。而游走在這三個極端之間的，是每一種情況都會嚐到的「悲劇」人。

這種人，或是有命運在捉弄，如蘇福克拉斯《伊底帕斯》劇中的主角；或是有個性缺陷，如莎士比亞《哈姆雷特》劇中的主角；或是有性格和社會的衝突，

如易卜生《娜拉》劇中的主角。他們都不在一個「點」上持續活著，但「穿梭」的結果卻又大多賠掉了性命。

看他們的「演出」，很容易反響到自己身上，而開始啟動亞里斯多德所指出的「悲劇可以使人哀憐和恐懼的情緒得到淨化或洗滌」的機制。換句話說，我們每個人多少都會經歷類似的劇情，而現在有他們「代替」我們受罪，是很可以藉機宜洩情緒或痛哭一番，然後再健健康康的走出門迎接其他的挑戰。

只是這嫌消極了一點。悲劇應該還可以像尼采所提示的「能讓人從新肯定生命的悲劇精神而積極的對人生世界充滿樂觀的希望」。也就是說，悲劇可以使人偉大。

正如邱吉爾所說的「歷史將善待我，因為我打算寫下歷史」；邱吉爾不覺得歷史會拋棄他而讓他流離失所，反而以堅定的毅力克服難關，終而開創了輝煌的事業。這就是人在悲劇中不為所限而藉由建樹使自己偉大的例子。

卷 三

到安全的地方冒險

普立茲獎得主詩人奧力佛說的話：「即使周遭都是壞主意，有一天你終將知道自己該做什麼，並且起而力行。」

*卷三 到安全的地方冒險

1做自己沒折扣

常人活著多受他人牽制或外在環境影響，而不斷要「調整策略」應付，以至逐漸喪失了自己。這並不是說人可以完全獨立自主，而是說當你凡事遷就於人或不知突破環境的壓迫，很快的就會迷失於茫茫人海中。

但稍微有點自覺的人，卻不是這樣。他會斟酌退讓或自律的界線，不輕易妥協於他人苛刻的要求或外在環境不合理的對待。這看來有「不識時務」非明智的嫌疑，可能會被取笑；但不這樣，身為一個人的尊嚴也就無從維護。

這個總說是「做自己沒折扣」，分說則是「堅持自己獨特的面目」和「不論他人或外在環境怎麼道德淪喪或世風日下，都不妨礙自己認為該做的事」。

古來有才氣或能成就大事業的人，都是這個樣子；他們所以能脫穎而出，也正是他們始終沒有向他人或外在環境低頭的緣故。

好比大家都活在一個謊言充斥的社會，如果你也跟他人一般見識而加入說謊的行列，那麼你不但要承受撒謊的痛苦而無緣享受說真話的滿足感，並且還因為你已經做了假自己而永遠無法開拓真實的事業。因此，像費爾德曼《謊言實境秀》一書所說的「誠實或許不是一種放諸四海皆準的完美策略，但它仍然是最好的策略」，也就可以引來作註腳，以見做自己沒折扣的必要性。

最後不妨見識一下，普立茲獎得主詩人奧力佛說的話：「即使周遭都是壞主意，有一天你終將知道自己該做什麼，並且起而力行。」這不就是做自己沒折扣的最佳代言人麼！

2 叫我第二名

「第二名，是走在最前面的輸家。」這是美國大聯盟前洋基隊教練托瑞特別喜歡的一句話。很多人身懷的就像這句話所描繪的「不服輸」心理，始終要破紀錄、超越顛峰、當第一名。

可是他們從來沒有想過：「當了第一名，又怎麼樣？」當了第一名，「敵人」變多了；尤其是第二名的人隨時會走到你身邊威脅你：「用功點呵！我要去看電影……」更慘的是，當了第一名後就不能做「不是第一名的事」。最後，第一名的頭銜、光環統統變成一種沉重的擔負和自由的障礙。

這並不是要反對大家去追求第一名，而是想要點出「叫我第一名」背後所隱

藏的與人競爭、拚鬥的殘酷景象；它是踩著別人的屍身忍情的前進，宛如從海底湧升的太陽「光裏總是帶著血」。一面是鋒芒畢露，讓人難以逼視；一面是孤獨傲世，自我潔癖狠化。

雖然歌德曾說「當一個人明確對自己做出承諾時，上帝也會動容」，但這種承諾如果是以「贏別人」的心態在支持，那麼它所造成的「為達目的不擇手段」的災難和「爭得你死我活」的悲劇就不可避免。

因此，現在改口「叫我第二名」，在發展成就自己的過程中，也能給人留餘地；而沒有了第一名的榮銜可以追逐和炫耀，我們就會更加謙沖以對世事。

❸不完美的完美

「不完美的人生比較自由」，這是佛瑞曼等著《兒童敘事治療》書裏的一個標題，看似弔詭，卻又感覺實在得很。

我們常為了圓滿每一件事而疲於奔命，不但幹活彷彿機器般的運轉，連休息也都在處心積慮的想著下一波的行動。

好比漢米頓所說的「每個人的生命都像一本日記；當想要寫下一個故事時，

卻被迫寫下另一個」，這日記譬喻，不也傳神的描繪到了我們那「永不饜足」的模樣？

不過，換個角度看，這世上又有幾人過得十分的圓滿？倘若那種圓滿是指富足、快樂、心想事成、不恐懼、沒敵人等，那麼就算有神仙恐怕也沒得這麼好運。

由此可見，「不完美」就是人生的常態。任何人想要讓它變得完美，很可能都會鎩羽而歸。而這時如果遷怒起來，怪罪「時運不濟」或懷疑「別人擋路」，那麼一顆攪混的心就離澄明的完美境地更遠了。

聰明人當下就該知道，不求終極的完美，才能享受過程自由馳騁創造力的完美。它即使是偶有差池或稍事輕狂，也會由於心靈一直維持著躍動的美感而得以沖淡消解。正如巴舍拉《空間詩學》一書所點出的「如果有必要，純然的荒謬就可以帶來自由」，只要有詩人般的創意發願，我們就能把現實的缺憾全數美化昇華，獲得一種抽象豐饒的滿足。

4 收藏自己的方法

稍微有點成就的人，都喜歡寫回憶錄或倩人寫傳記，而把自己的「豐功偉業」和「善舉美德」說得天花亂墜，殊不知被他扭曲的事實以及他所鬧的糗事或所犯的錯誤都隱藏不提，突然變得像個患了失憶症的偉人。

不是有人說了「歷史，除了人名是真的，其餘都是假的；而小說，除了人名是假的，其餘都是真的」，因此喜歡寫回憶錄或倩人寫傳記的人，比較適合將他的熱情用來創作小說，那裏面一定有許多不為人知的「罕聞軼事」，可以不必遮遮掩掩的曝光。

說來人普遍都有收藏自己的癖好，才會在告一段落時想把它公諸於世，以顯示自己「沒有白活」；而平時勤於寫日記、拍照存證、給人留下好印象等，也都是為了因應屆時「曝露自己」的所需。

只是人會說謊，也會遺忘；特別是在利害交關時，更會設法藏匿足以讓自己羞愧悔恨的事件，以至沒有一種告白、傳記不嚴重失真。《侏儸紀公園》電影只說到「生命會找到自己的出路」，還來不及點出生命找到的出路有很多條，包括不敢讓人知道他（牠）所說的不光彩的事。

這麼說，收藏自己最好的方法，就是不要相信自己能夠收藏自己；如果真要收藏自己，那麼就把自己弄醜一點，免得別人說你愛吹噓、自大狂和忘了自己是

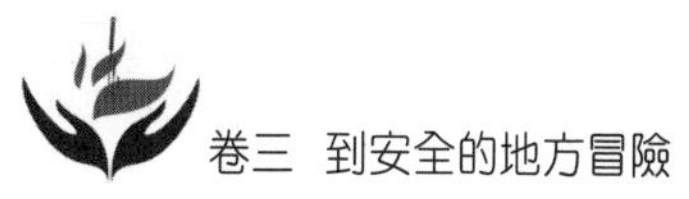

誰。

5 轉進哲學

古來兩軍交戰，一方自忖勝不了要撤退時，通常會用「轉進」一詞，以免渙散軍心。結果不但護住了顏面，還保存了實力。

換個角度看，轉進的語用規範本身，也已經體現了一種先「轉向」而後再「進攻」的哲思；它的「沒有失敗這回事」的信念，很可以用來治療膽怯和沮喪症。

有人說「有九成的失敗者並沒有真正的被打敗，他們只是放棄了」，放棄這裏面就少了轉進的思維。反過來，懂得轉進的道理，像盧瑟福所說的「我們沒有錢，所以必須思考」一類的意志力，或像里爾克所說的「貧窮就是從體內放射出的美麗光芒」一類的高貴感，很快就會在自己的身上應驗。

相傳美國海軍陸戰隊員普勒於韓戰中，發現自己身陷在敵軍八個部隊的包圍裏時說道：「好的，他們在我們的左邊，也在我們的右邊；他們在我們的前方，也在我們的後方，這次他們可逃不出我們的手掌心了。」這一心境上的轉換，豈

止深知轉進的三昧，簡直是樂在轉進中，境界又高了一層。

老實說，沒有人完全清楚自己能堅持某些信條到幾時；也許稍遇挫折就「棄守陣地」，也許心血來潮就「變換跑道」，總是忙亂於測度未來。這時如果有轉進哲學的涵養，那麼該一測度就會平添另一種自我精神和實質雙重勝出的驚喜。

6 快樂不幸福

如果你對人說「痛苦是幸福的」，鐵定會遭白眼；而如果再變換說「快樂是不幸福的」，可以保證對方會立刻棄你而去。但我們仔細想想，道理不就是這樣嗎？

一般所說的快樂，都根源於匱乏；倘若沒有匱乏，那麼就無從有快樂。好比我們喝到一杯清涼的水會覺得快悅，那是先有「口渴」的緣故；我們賺到一筆錢時也會興奮莫名，那也是先有「窮困」的原因。同樣的，剛談戀愛的人，心裏一切甜甜的滋味，完全來自先前的「缺乏愛情的溫慰」。反過來，倘若你擁有太多的愛情、金錢和水，那麼常熟感和疲累感勢必會壓得你開心不起來。

至於幸福，那是要由「充實感」給予保障的；而我們為了獲致該充實感，一定得付出許多苦痛的代價去完成所自許的志業。這樣幸福就源自恆久的、痛苦的忍耐，快樂反而不合在這個過程中成為我們追求幸福的選項；以至這裏所強調的「快樂是不幸福的」，而「痛苦是幸福的」，也就有足夠的理由來支持了。

吉伯特《快樂為什麼不幸福？》一書，提到無法預見那些情況會帶來快樂，所以快樂不會讓我們感到幸福。這還是試圖要去連結快樂和幸福兩端，而根本忽略了痛苦在幸福中所扮演的角色。也就是說，我們只有像上述那樣，從新認知幸福緣於痛苦，今後再面對種種挫折的考驗，才會挺住而不致隨便怨天尤人。

7 到安全的地方冒險

越來越多人喜歡從事冒險運動，爬高山、涉惡水，單騎跨越洲際，甚至深入蠻荒賭性命，這些都應了地球村時代「沒有時空障礙」的心理版。

只要是到一個陌生的地方，都有點冒險。而這種冒險，在有上帝信仰的西方人那裏，可以透過禱告祈求上帝保佑來終極保障旅程的順遂。但對國人來說，類似的行動向來並不被鼓勵；即使同樣有我們的「神明」庇護，恐怕也不會受到周到的照顧。這樣不免就會出現「兩樣信心」！

詩人愛默生說：「旅行是傻瓜的天堂。」這無非就是針對西方人的「憨膽」

而發的，畢竟「有上帝在，一切都可以搞定」，大家儘管放心的去享受不必花腦筋的「旅遊的樂趣」。但它在我們這裏，卻因為「依靠無著」而樂觀幸福不起來，最後就僅憑著一點僥倖的心理去莽闖天涯。

不論如何，這些異於常人的舉動，都可以歸在「到危險的地方冒險」的範圍，所得付出的代價最高是「人命一條」，而後往往是船過水無痕，什麼也沒有留下。反過來，有一種「到安全的地方冒險」的作為可以改變現狀，卻很少有人願意去嘗試。

我們知道，寫作可以使人不朽，而要寫作就得多看書，而多看書就形同是一種冒險；但這種冒險不必拿命去賭注，反而安全快樂得很。就像從來沒出過國門的法國作家凡爾納，只靠滿屋子書就能寫出《環遊世界八十天》一系列科幻小說；他一定深深的領受過到安全的地方冒險的趣味。

8 厭煩有理

舊經濟學有一條規律，叫作報酬遞減率。它暗示著第二杯咖啡的香醇一定不及第一杯、兩倍的肥料不見得會得到兩倍的收成；無論什麼事情，只要你做得越多，就越沒有效果，也越無利可圖。

這種報酬遞減現象，被《複雜》一書的作者沃德羅普說成可以「確保沒有一家公司或一個產品會大到霸佔整個市場。當人們厭倦了吃糖，他們就改吃蘋果或其他東西……」換個角度看，其實這也是人的情緒不能穩定的主因。

由於報酬遞減的關係，人在面對事物時常因熟稔而厭煩起來。因此，在這種「必要厭煩」的情況下，人就會自覺不自覺的把厭煩當作藉口，像布希納的中篇小說《雷昂斯與雷娜》那樣宣稱：「有什麼東西不是人們出於厭煩而創造的？因厭煩而思索，因厭煩而找樂子，最後因厭煩而死。」厭煩變成了一切事物的源頭。

雖然如此，厭煩所具有的正面價值還是強過它所給人的負面印象。所謂「厭煩本身可以獲取意義」、「我們從厭煩的無人性中，對自己的人性得到新的視角」，這些出自海德格和史文德森兩位哲學家口中的話，多少鼓舞了我們對厭煩另眼相待。

如果沒有厭煩，我們大概就不會想要改善目前的處境和做一個「與時俱進」的人。它的逼迫我們「嗜新逐異」的功效，應該予以肯定，因為在我們感到厭煩時，可能就是整個人「脫胎換骨」絕好機會的來臨。

9 孤獨

後設思考人的存在，孤獨可能是最具恆久性且無法有效的排遣。它從人一出生到終老，都佔著所有特質中最顯著的位置，使得緣它而來的一些哲學問題可以繼續再討論下去。

首先是如何從源頭找到孤獨的必然性？這依現存的創造觀、氣化觀和緣起觀等三大世界觀來說，不論人是怎樣的被創造，還是怎樣的被精氣化生，或是怎樣的被因緣和合，都一次「只有一個」，所以孤獨就不可避免。

其次是怎樣就塵俗因緣佐證孤獨的如影隨形？這就可以由人都得自己走完全程，以及求學、做事所遇關卡也得獨自去突破等，來予以貼切的解答，而不讓反向論說有理由冒出頭。

再次是豈能在交友或婚配或羣眾集會中強加孤獨而不是正好證明孤獨的可停性？這或許難以反駁，但別忘了交友或婚配或羣眾集會這種如《征服情海》影片所說「我因有你而完整」的情況，其實不過是假相；當中普遍可見的意見衝突或爭吵不休或知音闕如，早已從旁證成孤獨說了。

顯然孤獨是人的在世存有，任誰也無從逃避。既是這樣，那麼只有正視它，我們才不會輕易怨怪別人孤立或排擠自己（因為他們也正在孤獨中而迷失了方向），以及知道轉為創作的動力而讓孤獨成為一種「炫美」的對象；不然也可以藉著在創作上努力不懈來淡忘孤獨的纏縛。

10 勇氣的真相

看來不可能的事，而你堅決去做了；或者面臨生死的關卡，而你努力活下來了，這些都會被認為是「勇氣」促成的。

但勇氣實際上卻又不是我們所想像的那麼風光，它得克服許多的恐懼，才能臨場表現。換句話說，勇氣是在駭怕沒有「第二次選擇的機會」下艱難生出的。此外，凡是但憑意氣而輕率流露的，都只能算是不入流的「匹夫之勇」。

正如馬克吐溫所說的「勇氣是抗拒恐懼，掌握恐懼，不是沒有恐懼」；但逞匹夫之勇的人，除了給他人製造恐懼，自己是不大會有恐懼的，所以他就少了勇氣所該有的崇高感。

有了勇氣，人就可以衝破網羅而開創新的事業，也可以批判不公不義的事而成為社會的良心。這中間很可能會駭怕失敗或遭受集體打壓；但既然要鼓起勇氣了，就不應該再擔心這失敗或集體打壓的威脅。

尤其是在面對人生的未來時，勇氣是和希望合在一起的。所謂「未來有很多名字：懦弱的人說，未來叫做不可能；信心不足的人說，那是未知；思慮周到和有勇氣的人說，未來叫做希望」，小說家雨果這番話語重心長，很可以鼓舞還在勇氣邊緣猶豫的人。

可見勇氣不是隨隨便便說就有的，它常常要在「如臨深淵，如履薄冰」中作最高明的抉擇才能顯現。因此，一個不知道恐懼事業難成和前路艱險的人，他就無從體驗勇氣以及嚐受因勇氣所帶來成功的滋味。

11 恐懼擁有

一九六四年，諾貝爾文學獎頒給法國存在主義作家沙特，沒想到卻遭到他斷然的拒絕，成為世界文壇有史以來一件跌破大家眼鏡的奇聞。

根據沙特的自述，他所以拒領，是因為他「一向謝絕官方的榮譽」。而有趣的是，諾貝爾文學獎委員會照樣把獎「頒」給他，而沒有另覓替代人選。他們的說詞是：「這絲毫沒有損及該項裁定的合法性。」

這件事最值得世人關注的，恐怕不是有人視文學桂冠如糞土，或整個徵獎機制所存在的政治力介入干預運作的癥結，而是人應該在某些時刻表現出「恐懼擁有」的志節氣度問題。

原來西方文化講究的是「足欲」，從物質到精神層面無不以滿足所欲為最終目標；結果是地球能夠被開發的地方都被開發了，而所有可以使生命增值的東西也都極盡能事的創出傳揚。導致環境的窘迫和資訊的紛亂等壓力，疊加侵蝕人心到快要撐爆的地步！

反觀我們中國傳統所講究的「節欲」，以及印度佛教所講究的「去欲」，都不會對這個世界造成負擔。但遺憾的是，國人早已感染了西風，一切都以「仿效西方」為榮為傲。這樣長此以往，不但自我無從再行安身立命，大概連拾人唾餘的「好處」也很快會無以為繼。

因此，緬懷沙特的拒領勇氣，就成了我們恐懼擁有的「心理裝備」啟用的最佳時機。

12 時間越用越多

時間，按照西方人的說法，就像是一支箭，它會隨著「動者恆動」的古典力

學觀念，不停的向前穿行；除非遇到廣義相對論的重力牽引，否則都不可能彎曲緩慢下來。

這使得人對時間的追趕，自然成了一種可笑的舉動，註定要以徒然悔恨收場！但情況又不能如此「簡易」或「化約」的被定格，畢竟時間還有可能是循環存在的，甚至根本沒有時間這種東西，我們不必隨人起舞的加入「自我悔恨」的行列。

倒是有一個回返自身求取優著的策略，不妨引為高度意識圖存的依據：那就是「我都為活著有意義和有價值而沒有閒著」的策略而活。這在時間箭中，可以忘記它會不會讓人傷感的「加速前進」；而在時間環中，也可以鬆懈它所帶給人「不再來」的壓力。至於零時間感部分，也會因為少了「一個執著」而更放心的去過活。

看來這裏想得到一項跳躍式或不尋常的「時間越用越多」的結論，已經呼之欲出了。換句話說，沒有了「時間是否可以恆久性」的掛慮，我們就徹底的擁有內在自我支配的自由，以至從違俗的角度看，時間所給我們的感覺不就是越用越多了嗎？

可能大家還不好參透這個道理，那就容許我再換個「比方」：當你一直保有生命的充實感，還會在意誰把你推向人生的終點麼！可見我們真正該擔心的是有沒有好好過活，而不是要不要拿時間來嚇自己兼卸責。

13 迎接災難年

當前風災、水災、震災頻仍，加上溫室效應而導致南北極冰層融化等，一個被預言的大災難似乎就要成真了。

那是馬雅書曆所曾經透露的，時間就在二〇一二年的冬至。而先前電影《二〇一二》以及相關的小說《馬雅預言書》和其他的科普書，也紛紛趕上該一波「參與預言」的熱潮，儼然一場毀滅性的際遇已迫在眉睫。

根據科普書的推斷，二〇一二年十二月，太陽、地球和銀河中心會在一直線上，彼此磁力相互牽引的結果，可能造成太陽黑子風暴襲擊地球，而產生瞬間的大破壞，屆時將沒有任何補救辦法來挽回所失去的一切。

有人因為相信這種預言，所以開始考慮要不要繼續買保險或作其他投資；而原來很努力上進的人，當時知道了這個預言，也在猶豫是否要放棄心力的投注，畢竟到時候可能會全部化為烏有。看來「緊張的情緒」早已在某些階層逐漸的升

高；而社會一些不確定未來的末世論調也迅速在醞釀中，頗有人心惶惶而不利營生的態勢。

然而，從長遠的角度看，人是有限的存在者，本就不應該憂慮這種掌控不了的變局（而事實上述的預言也沒有成真）；更何況倘若人的靈體不滅，那麼我們都有可能在另一個地方新生，根本不必駭怕眼前所喪失的東西。比較擔心的是，自然災難還沒有來臨，大家相互毀滅和破壞生態的人為災難就把自己困住了，這樣我們還有什麼餘力來想明天會發生的事？

卷 四

另類的知識

榮格說：「人無法面對太多的事實真相。」這略嫌消極。倘若把它改造一下，變成「事實真相很多樣，懂得面對的人，就不會退卻喪氣」，那麼感覺一定會轉好，而不知道的東西也不再回過來空虛生命了。

＊卷四 另類的知識

1 語言治病

聽一位朋友說，她罹患肝癌末期住院那一次，醫師已經宣告沒救，她家人不死心，訪來一名宗教師。那名宗教師在她的額頭比劃幾下，念了幾句咒語後，告訴她：「好了，沒事，可以回家了。」沒想到病痛就真的解除了，從此她也皈依在那名宗教師的門下。

這究竟是語言的功效，還是那神秘「靈療」的功效，始終是個謎，但語言可以治病，卻是不爭的事實。好比你心絞痛到極點，旁邊有人講個笑話，你可能在剎那間寬懷而病徵全無。又好比你積勞成疾，消化道、呼吸器官和循環系統等毛病接連浮現，但又藥石罔效；這時如有一句「辛苦了，老天會給你三世福報」這樣貼心的話，你也可能笑逐顏開而忘了疼痛。

從事敘事治療的心理諮商師，在面對案主身心深受創傷時，喜歡用「憂鬱侵襲了你的生活」而不是「你很憂鬱」一類將問題外化的語言來輕撫對方的傷口，而讓對方感受不到有任何的權威凌駕，這也不知道治好了多少不敢面對過去者的心病。

古人稱讚孔子作《春秋》「一字之褒，榮於華衮；一字之貶，嚴於斧鉞」，書成後「亂臣賊子懼」！這可說是語言治病最高華的鐵證，不論是正或反「成名心切」的精神病，都被治癒了。

後者是說，被貶過的人，他不滿社會的情緒也會「負負相抵」，如同獲得另一種救贖。只不過這不能當作常例；最好是連正面成名的心理也沒有，那樣就不必再勞煩語言來「紓解壓力」了。

2 字簇的啟示

形系文字如中國字，在造字時為了兼顧形義的發展，常以字簇的方式來表示，而造成一個個三拼象徵「量多」或「質大」的字體。

如「众」為眾的古字，代表人多；「森」為三木集聚，代表樹多；「卉」為三艸（草）合成，代表草多；「淼」為三水組構，代表水多，這些都是象徵「量多」的例子。

又如「猋」為飆的古字，代表多隻狗在一起就會競飆；「犇」為奔的古字，代表多隻牛聚集就會奔跑；「鱻」為鮮的古字，代表魚多相互刺激能保新鮮；

「轟」為三車組成，代表車多吵雜（發出轟隆聲）；「晶」為三日湊合，代表太陽多很晶亮；「品」為三口拼疊，代表嘴多愛品評，這些都是象徵「質大」的例子。

不論量多還是質大，一旦三拼完成，這些字就脫離原單字象形或指事的範圍，而向考驗人的聯想會意能力的途徑邁進。這是一種「宛轉人情」的造字法則，目的在於提醒大家「物盛」的極限。也就是說，凡事不過三，過三就太濫；而太濫則會一轉變成「令人厭煩」的來源。

可見從字簇我們可以學到：做同樣一件事不重複超過三次，否則一定會倦怠到痛恨起它來；而跟人交往也不連續三約，不然也會太過熟悉而感覺索然乏味。三的妙用、深會和推廣，是人生「活化」的一大保障；也是在競爭環境裏想「出奇制勝」的重要憑藉。

❸矛盾律

《韓非子》書記載一個販賣矛和盾的商人，一會兒誇說他的矛無堅不摧；一會兒又誇說他的盾無摧不擋。結果有個路人看不下去，反問他：「如果用你的矛刺你的盾，會怎樣？」他當下無言以對。這就是違反矛盾律的例子。

違反矛盾律，在知識的形成上等於沒有說什麼。比如人家問你有沒有說謊，你一下說有，一下說沒有，到底是有還是沒有並不清楚，人家也就無法得知你有沒有說謊這項資訊。因此，在探求知識的過程中，以「A不能是非A」這一矛盾律為準的，很快就可以研判和吸收到新的東西。

雖然如此，在某些刻意修辭的情況下是會違反矛盾律的。像一本題為《每個愛的早晨都有夜晚》書裏說的「在和你的愛情中，我發現了生命不可思議的自由」，愛情的到來「有了牽絆」原是會剝奪人的自由，但在一個熱戀中人的嘴裏，常會忘情的向對方說出「自由」這種矛盾的話。又巴斯卡的名言「真正的道德會嘲笑道德」，這也是相矛盾的，因為它如果不是要唬弄別人，就是要自我解構論說，此外根本無法以常理來理解。

還有文學為製造特殊的審美效果，也常以矛盾句示人。如「我偷聽自己醒來」、「玫瑰爬上牡丹的枝頭／要種一支刺」等，這要說靈魂自我察覺、羨慕過頭的道理，而用了「聽」、「種刺」的矛盾修辭法，既炫又酷！可見不是相矛盾的事物就沒有價值，還要看你是否知道它的適用層次。

4 另類的知識

「我年輕，什麼都記得，不管它有沒有發生。」馬克吐溫留下的名言，俏皮、幽默、智慧。連沒有發生的事都記得，顯見他的知識和體驗確有過人之處。

有語意學家曾經歸結出「你所知道的東西」、「你所學來的東西」、「你所知道的你不知道的東西」、「你所不知道你不知道的東西」、「你所『知道』的東西，事實並不是那個樣子」、「『現在』還沒有人知道的東西」和「你所深信不疑你覺得你『知道』的東西」等七種知識類型，其中三、四、五、六、七類都會困擾人。但如果把它當作人的侷限，那麼「不知道的東西也是一種知識」的觀念就可以建立起來。

這種知識，不妨稱它為「另類的知識」。而肯正視這種另類的知識的人，除了會警覺學問沒有止境，還會試著包容像「無論事情多麼誇張悖理，總有一些哲學家要堅持認為它是真理」這一《格列佛遊記》所記載的情事，以及體諒日本俳句作家水田正秀所說的「穀倉被燒毀了，但我因此而看見月光」一類的窮開心或逆向思維的緣由，畢竟有人「想法就是跟我們不一樣」。

榮格說：「人無法面對太多的事實真相。」這略嫌消極。倘若把它改造一下，變成「事實真相很多樣，懂得面對的人，就不會退卻喪氣」，那麼感覺一定會轉好，而不知道

的東西也不再回過來空虛生命了。

5 部落格外的世界

現代人生活在兩個世界，一個是真實可觸摸的；一個是虛擬只能想像的。可觸摸的世界，缺少極速的律動，所以許多人就遁入只能想像的世界，貪圖那虛擬多變的激情，終而沉迷直到委身給它。

在那個由維基、Gocgle、臉書和網路社羣所串起來的數位空間，既複雜新鮮又充滿曠世迷幻，直教人驚呼不已！如今被山繆森比擬為「人類歷史上最大一波集體曝露狂」的部落格又大為風行，大家幾乎就要徹底跟現實疏離而隱進網路游牧，從此再也不知有花香和蔚藍的天空，更別說那真實人的相契相感。

基恩所著《你在看誰的部落格？》一書曾經預言：不久將來，全球的部落格會超過五億個；而業餘者教派即將改寫我們的歷史。

雖然「透過文字、音樂、廣播、視訊，任何人都能搖身一變，在網路上成為暴紅明星」，但在這個一樣充滿危險的地帶「只要敲幾個鍵，所有人都可以創造出一個假身分，並向全世界撒謊」，而傷人的話語也會突然竄出滿天飛。換句話

說，只能想像的世界比可觸摸的世界還要恐怖；它不但鼓勵你自曝隱私，還隨時準備給你一顆引燃的炸彈。

面對這在數位革命後一切都變了樣的脫序現象，也許我們應該把那「集體瘋狂愛上自己」的智慧留在部落格外的世界，因為還有一個接近失速的地球需要大家一起合力來駕馭。

6 開場白

除了閒扯和瞎掰，此外任何言說和書寫，不免都要遇到一個起頭難的問題；經常斟酌很久，才會有點自信的暗許：這樣的開場白應該可以「打動人」了吧！

在書寫方面，由於接受者不在現場，無法評估開場白所要忍受情境的考驗壓力，但仍有人如偵探小說家卜洛克那樣覺得：「你的開場白一定得精采；否則沒有人會繼續往下讀。」這是緣於自我要求高的慣性反應，諒必有經驗的人都會這般執著的勇於挑戰創意極限。

像歐威爾《一九八四》小說，就以「四月間，天氣寒冷晴朗，鐘上的時針正指向十三」這一平常時鐘所沒有的「十三點」開頭；而童話《木偶奇遇記》，也以「從前有一塊木頭」打破「從前有一個國王」或「從前有一隻野獸」的規律發聲，分別預告「詭異的未來」和「不尋常的際遇」，可看性不言而喻。

至於言說方面，如果開場白沒有吸引力，那麼別人很快就會回敬你連連的呵欠和不耐煩的眼神，嚴重的還會明白提醒你：「朋友，講話中聽一點行嗎？」因此，你只好挖空心思想有趣的話題或驚悚懸疑的劇情，以便滿足他們的耳欲；不然就引兩句名言或罕見的詩句，把聽眾的心揪一下以顯示你的不同流俗。

當然，有格調的靜默一陣，也算是一種不錯的另類開場白。好比凱吉無聲《四分三十三秒》的音樂演奏，靜默過後由聽眾譁然和詫怪的吵雜聲接續。不過，這類「無聲勝有聲」的作法別有目的，整體上還是得開口說話，大家仍然要學會一張嘴就受人矚目。

7 讀書治療

心理受創傷的成人，可能會被帶去精神科醫師或心理諮商師那裏給予安撫，方式有意義治療、敘事治療和藝術治療等；而心理異常的少年，也可能會被學校輔導員集中或個別施以矯正，方式最常見的是讀書治療。後者是要讀一些勵志性

或人際良性互動的書，效果如何不得而知，但可以肯定的是它已經蔚為風潮。

很明顯的，讀書治療是從成人的心理治療延伸而來，目的在於不放過任何可以使少年都「正常」成長的機會。這看來立意很好，只是我們每人不就從小讀到老，為什麼還要多此一舉？哦，原來那些接受治療的人只讀特定的書，跟其他人「雜學旁收」不一樣。但這麼一來，那些只讀一類書的人，究竟是會「倒退」還是「前進」，明眼人一看就知道了。

讀書這件事，照理是「多讀」勝過「少讀」，這樣才能使人齊備式成長無虞。正如文學家伏爾泰所說的：「浩瀚的書籍，正在使我們變得愚昧無知。」人不多讀書，就會在一片書海前越顯渺小可憐。因此，被治療的人和從事治療的人，都得回歸「博學致遠」的正軌上。

換句話說，人不多讀書，才會被拖去作讀書治療；而想治療別人的人，也因為自己少讀書見識不多，才以為教別人讀特定的書就可以治好他的心理疾病，這顯然都不大正常。

縱使有人如哲學家霍布斯說「如果我像他們讀那麼多書，我就會像他們那麼無知了」，但那是「取精用宏」的工夫差，而不是讀太多書本身的過錯。

8 精神勝利法

被人欺負而無力反擊，只好用想像或其他心理方式來達到報復的目的，這一向叫做「精神勝利法」。像魯迅《阿Q正傳》裏的阿Q，就經常以這種方式紓解心中的不平。

這看來似乎不大光采，但卻實用得很！試想被欺負的人如果一定要反擊，那麼遭對方更大暴力相向的機率勢必不小，到頭來吃虧的還是自己。而從這個角度看，我們也才能參透古羅馬作家阿普列尤斯所說的「忍耐是正義的一種方式」和法國著名作家封丹所說的「忍耐和時間，往往比力量和憤怒更有效」等所隱含的道理。換句話說，忍耐是不願讓事情擴大惡化，同時還可以保有一點「不被對方激怒」的自主性。

尤其在遭受集體施暴時，倘若覺得抗衡無望，那麼想繼續活下去就只有採忍耐的精神勝利法一途。好比《美麗人生》影片裏男主角的舅舅那樣，以「沉默就是最好的吶喊」來面對兩個男子的暴力劫掠，這是最低限度的抗爭方式；否則就要極力抵抗而可能得付出玉石俱焚的代價。

有些不明就裏的人，以為精神勝利法「沒骨氣」或「可恥」，殊不知它卻是大家所能從新激發奮鬥勇氣的一大憑藉；特別是在天災人禍這種沒來由的大肆虐

後，如果我們沒有以「絕對不是要懲罰我」或「天將降大任於我」一類在精神上完成戰勝的語言自我療癒，那麼要靠什麼策略來度過難關？

可見精神勝利法的正面價值不容抹煞，必要時大家都會借它來用一用。

9 剃刀與標本

有兩種人很難被接納：一種是話太多；一種是話太少。跟前者相處，會耳根不得清靜；而跟後者相處，則會受不了他的沉默。這裏面可能有詩人佛洛斯特所說的「這個世界上一半的人有話想說卻說不出來，另一半的人無話可說卻喋喋不休」這種無可奈何的理由，但整體上還是因為人的智慮不周。

比方說，幾個人在一起閒聊或洽商公事，只要彼此所談的話足夠、真實、貼切和清楚，就可以順利的進行；但這時倘若有人不肯合作，如多說或少說了，那麼氣氛就會僵住！而追究起來，關鍵就在那些破壞氣氛的人不識相，搞不清楚狀況亂因應。

哲學家奧鏗曾提出一個「剃刀原理」來作為說話或寫作的依據，頗有實用性。它是說：「除非實體必要，否則不應增多。」顯然愛說話或說話過頭的人，就是不曾拿把剃刀將自己的贅言贅語刮掉，才會囉哩叭嗦煩死人！

反過來，不愛說話或說話有所不及的人，就像在蒐集「蝴蝶標本」，積了很多，也做了分類，卻沒能把它說出來讓人知道。他比不會用剃刀的人，固然多了一點「沉默是金」的謙沖或藏拙美；但比會用剃刀的人，則又少了一點「擲地有聲」的高華或雍容美。

可見「標本」只有做或不做，而「剃刀」卻會再切出兩類人，不得不謹慎拿捏，以免貽誤自己又致憾於他人。

10 網路族

一個大家熟悉的兩隻狗在網路聊天的笑話，它所要諷刺網路世界的荒唐或悲慘情狀的，恐怕不及另一個「電腦空等不到詩人來按鍵，終於在吐出十萬首詩後死亡」的故事來得悚動，因為人類發明的網路居然就要取代了真實的生活！

在網路世界遨遊，對西方人來說，有實現上帝國夢想的快感和滿足，就像魏特罕《空間地圖》一書所說的「在這一『世界』裏，我們將豁免生理形體帶來的一切侷限和尷尬」；但對非西方人來說，就只能漫無目的的虛擬自己和空耗光

陰，二者在實驗和進取上有天壤之別。

這麼一來，進入網路世界如果看不見上帝，那麼就會看見自己蕭條的身影，從此再也不知道冰冷的有情世界原來是什麼樣子。

達賴喇嘛說：「出家，是接受世界對我們的離去。」現在的網路族沒興趣過真實的生活，也形同是出家了；而出家的悲壯性就在得接受「世界對我們的離去」。離去了一切，最後只剩下一個永遠不著邊際的「虛擬的人生」。

也許有人會說，有了網路世界，我們就多了一個可以跟他人互動的廣大空間。這點，《連結》一書的作者布侃南一定不同意。我們仍然活在一個「小世界」裏；尤其是在擁抱電腦的那一刻，同時也棄絕了跟我們氣息頻密相通的人。

11 不和諧的和諧

英國某團體曾舉辦過一次有獎徵答，問：「對人類都有貢獻的糧食專家、環保專家和核武專家三人一起搭乘熱氣球，中途遇到熱氣球故障，必須減輕一人的重量才能勉強行駛，這時要先丟掉那一位？」參賽者的答案五花八門，最後抱走高額彩金的是一名男孩，他的答案是「最胖的那位」。

劇作家威廉斯說：「不和諧，會導致發現。」上述的有獎徵答，被那名男孩察覺有不和諧的地方，所以他從提問中找出「矛盾」癥結而完成了一次超常的發現。至於我們，則可以繼續發現新的盲點：「誰來丟出那個人？」因為會思考這個問題的人都搆不到熱氣球，有什麼用？可見再一次的不和諧給了我們別為尋思的靈感！

好像過了不和諧階段就會變成和諧。其實不是！它應該一如混沌理論所講的「蝴蝶效應」那樣，不斷地會不和諧下去。這種不和諧的「失序」狀態，如能正視它的存在，反而會升格為新的秩序觀。換句話說，秩序未必都是「線性」的，它也可以是「非線性」的；而「非線性」的秩序，恰好是我們的智慧展現所營造成的。相信它，我們就踏上了知所品味「不和諧的和諧」的浪漫旅程。

試試「人們給事物拍照是為了將它們趕出心中」、「最好在生活中習慣失去，這樣就能幫我們省掉許多悲傷」這類分別為小說家卡夫卡和歐洲影界巨星貝爾格的名言，你看到不和諧的和諧了嗎？

12 迷思

迷思，是 myth 的音譯，原義為神話，而神話被認為是沒有死亡這件事最有

力的證據；但當講求實證的科學當道後，迷思因為檢證不易而一轉變成荒誕無稽的代稱。

其實，神話和迷思的字面義「迷惑之思」是不一樣的，它可以據為團結意識，也可以代為達成社會願望，還可以作為人類無窮需求的準繩，顯然「正經」得很，豈是一個「隨意杜撰」的評斷就能打發的？

倘若要說有禁不起詰問的迷思事要撻伐，那麼它一定是高度的異想天開而妨礙到正常的營生。像前法國總統戴高樂說的：「我認識的人愈多，我就愈喜歡狗。」狗會比人更討人喜歡，這不知道是什麼邏輯；而抱著這種懷疑心態對待人，難怪會難以經營好人際關係。又像美國作家維多說的：「光是成功不夠，還要其他人失敗。」把別人踩在腳底下來顯示自己的成就，這種孤絕站在頂峰的作法，恐怕連神都無法原諒他的自私！這才是真正的迷思，因為他們生在人羣中卻又不懂得怎麼跟人相處。

所有的事情，都有一個「網絡拘限」的規律，由不得人擅自片面看待。好比西蒙斯《說故事的力量》一書中所提及的「鞭打自己馬匹的人，很快就得自己走路」，你搞不清馬也有脾氣或自尊心，隨便傷害牠，牠不給騎，最後吃虧的還是自己。因此，重拾網絡制約的觀念，我們才會更加謹慎待人接物而不致墮入自大

狂的迷思漩渦中。

13 報酬遞減與遞增

親人爭吵、朋友反目、生活煩悶、做事不起勁或上學恐懼症等，都是應了舊經濟學的「報酬遞減」說，也就是太常熟的緣故。

因為太常熟，所以我們會把第一次新鮮的經驗像分期付款一樣「按次減卻」，直到完全零付為止。反過來，跟我們相遇的人或我們所接觸的事物，在還沒有厭煩或倦怠以前就分手或更換，那麼所有的美好感覺一定會保值，甚至還可能期待另一度的契會。

後面這種情況，就是新經濟學複雜理論所說的「報酬遞增」。雖然如此，為了這報酬遞增可以恆久期許它發生，還是得不斷加入新的變數而使它始終能讓人「耳目一新」或「驚喜不置」。

就像朋友交往，不得已要經常相聚，如果不找些新話題或帶出新的合作方案，那麼很快就會因為彈性疲乏而開始興起「相見不如懷念」的念頭。而相反狀況，就是友誼激盪出創意而共同締造了一番事業，大家從此會一再的攜手合作。

以此類推，對某些東西的追求就得適可而止，並且試為評估可予以添加的變數，以維持報酬遞增和報酬遞減的平衡。好比分子生物學家霍加蘭所說的「人類在嘗試如財富、樂趣、安全和權力等最大化的價值時，展現了人上癮的傾向……但太多好事不是好事」，因為那些好事會報酬遞減而被胡亂棄置或腐化。這倘若想要報酬遞增，那麼就得節制著爭取，偶爾得到了才有新鮮感。

14 夢

我們活在兩個世界：一個是醒著的世界；一個是睡夢的世界。它們很少有交集，也沒有機會互換。

從比較的觀點看，睡夢的世界要比醒著的世界複雜許多；我們平常經歷不到的事，都可能在夢裏遭遇。尤其令人納悶的是，所夢見的事物往往千奇百怪，並且一定是在緊急或關鍵時刻把我們驚醒！

對於夢中世界如此難以想像，好奇的人都想探個究竟。結果有的說那是欲望被壓抑後的紓解方式；有的說那是各種潛意識的借機發作；有的說那是神經衰弱的徵象。而我個人則願意相信：那是累世記憶的迸現或雜糅躍動；當然也不排除

有神秘界介入互動的可能。但不論如何，我們活在夢裏的時候，已經把現實中一些「擔驚受怕」或「煩惱苦悶」，轉成純然的「責任鬆懈」；雖然有時也會嚇出一身冷汗，但整體上不會有心理的困折或煎熬。

這樣做夢，無異就成了現實生活這種「壓力鍋」的安全閥：一切的不如意，都可以進入夢中去得到零負擔的轉移，甚至還可能出現另一種「幸獲補償」的好處。好比古代有個老役夫，從不嫌工作勞苦，別人都覺得不可思議，而他卻說：「我白天為人奴僕，固然辛苦，但我晚上反夢到自己做了國君，快樂得很！」

縱是如此，夢境卻不合轉來強要在現實中實現，因為這除了會讓人「好高騖遠」，而且還容易看不清眼前自己所該做的事。就像《深夜加油站遇見蘇格拉底》影片所傳達的：你一旦屈服於夢想，就不算真正的活過。

15 分數的背後

全世界大概沒有一個地方像臺灣這麼重視考試；而重視考試，就必然在意分數。因此，在臺灣學子的求學生涯是用分數裝飾或堆疊起來的。

然而，大家又知道分數跟人品、辦事能力和創新表現等不必然相關。這樣的

「相矛盾」又要怎麼解釋？換句話說，考試得高分是整個社會環境所期待於個人的，但個人的修養、見識和管領風尚等卻未必能跟得高分成正比，這種弔詭現象有誰能加以說明？

顯然教育官員、教師、學生和學生父母等體制內的人，都無法理解這是怎麼可能的，否則他們就不會還樂此不疲的在維護考試的尊嚴及其權威性。而我們了解箇中原委，除了得追溯傳統科舉制度的「鑄範」不去以外，而且還要知道國人的「好面子」早就轉移到爭取高分上。也就是說，因為大家都好面子，所以輸不起缺乏高分的光環而把獎狀或獎品拱手讓給別人。

這雖然是就學生來說的，但它所牽連的卻是：當父母的不可能容忍自己的孩子考不過別人；而當教師的也難以嚥下班上學生平均成績低於別班的恥辱；至於教育官員，則更無從想像辦教育會欣然於所有學生都「低空飛過」或「永遠滿江紅」！可見一個分數，背後竟然是一大羣人在進行「顏面賭注」；而有關分數對人生的耽誤，反而沒有人認真去思考過。

其實，分數僅夠滿足短暫的虛榮；大家一旦進入社會，想要出人頭地，所憑藉的是本事。少了本事，高分的榮光會回過來諷刺你。

卷 五

生命邏輯

蘇格拉底說過：「我比別人聰明一點，因為我知道自己愚蠢，而別人不知道自己愚蠢。」

＊卷五　生命邏輯

1 喊痛苦的後遺症

這個世界的苦難，究竟是過多還是太少或是剛剛好，常被好事者提出來討論，而結果也都像邦貝克所說的「如果你還笑得出來，就活得下去」那樣暗示你不必把它看得太嚴重；或者都像雷諾瓦所說的「痛苦會過去，美會留下」那樣鼓勵你靠轉移注意力來淡忘。

此外，還有一種結論，乾脆慫恿你去找地方發洩。這種亞里斯多德式的「淨化」說，跟前面那種近於伊比鳩魯式的「自謔」說一樣，都自有它的經驗基礎；但裏面所隱含的一項攸關「品質」的問題，卻很少被重視和特別被提點當作警訊。

我們知道，在身心遭受煎熬時喊痛苦或期待別人來分擔你的不幸，實際上正迫使自己去面對幾種不堪的情境：

第一，你說很痛苦，跟誰比？只要你舉得出來，都有比那更痛苦的，這樣你還好意思說「我很痛苦」嗎？

第二，你所以會喊痛苦，表示你不滿所生存的環境，但別忘了尼采說過

「痛苦的人沒有悲觀的權利」，這麼一來你就不可能既要悲觀又要喊痛苦；否則你會自我矛盾到發瘋！

第三，你要喊痛苦，次數一定不會少，但這樣勢必得不到別人的同情。就像魯迅短篇小說〈祝福〉裏的祥林嫂，成天把喪夫失子事掛在嘴上，別人見了都「避之唯恐不及」！

仔細估算一下喊痛苦所要付出的不智、錯亂和被拒絕往來等代價，還真讓人懷疑喊痛苦的人是否都患了「數學低能症」；不然他們怎麼不知道將痛苦藏好，那麼容易就把底牌掀盡。

2 紀念碑

所有的公共藝術中，紀念碑是最醒目，也是最具歷史意義的。能夠被豎碑紀念的人，都有一定的豐功偉業或感人事跡；而他們的名字一旦被鐫在碑上，精神也會跟著長留永駐，不因風霜雨露而稍有折損。

雖然如此，天地間留住了他們的名，他們的魅力卻未必不會從人們的記憶中消褪；尤其是過了幾個世代後，來這裏的人大多只能感受一座碑矗立的巍巍然，

絲毫也體會不到背後故事懾人魂魄的張力。

在現代後資訊社會，發達的媒體很容易塑造一堆名人，但同樣的那些名人被媒體淡忘的也快；就像紀念碑多了，讓人目不暇給的當下，它們引人駐足凝睇的機會自然會變少，而媒體永遠都比我們的腳步快在找尋新的名人。

從另一個角度看，人成名了，就形同保有了一座紀念碑，隨時都可以供人前來憑弔；只是該名氣會有邊際效益減退的危機，甚至還會完全湮沒不彰。也就是說，紀念碑也會死亡，最後只剩下一塊沒有「重量」的龐然大物。

這是人生的兩難，不成名賺一座紀念碑，就不甘心；但賺到了紀念碑，又很快的會被人遺忘，徒讓碑碣給風吹雨打！到頭來我們是不是應該想一個對策：立個沒有名字的紀念碑。這是說我們行動可以像一個想要成名的人，但心裏卻沒有得紀念碑的衝動；這樣我們的生活足夠充實精采，精神上則不再有為「名」的負擔，而紀念碑一事也就任它「隨風而去」了。

3 給自己定位

今人生在一個資訊分裂和權益衝突劇烈的時代，基本上很難給自己定出「人

生的方向」；但這又不能不勉為設想，否則整天像個遊魂也不是辦法。

古語有所謂「天下熙熙皆為利來，天下攘攘皆為利往」，這指的是芸芸眾生的情況，而現今仍然處處可見為權勢競爭和為富足物質生活拚鬥的人；只有少數人懂得去追求浪漫的情愛和從事創造發明以更新文化的工作。

似乎人要定位自己，就在這兩極間了。但又不然！當芸芸眾生和特異人士都嫌生命太軟或太硬；比較有彈性的是，不斷去調整前進的方向。而這所要面對的是，自己可以擠出幾分智能來因應世事的變化。

蘇格拉底說過：「我比別人聰明一點，因為我知道自己愚蠢，而別人不知道自己愚蠢。」這好像很能知己知彼在謀生了，卻又未必！哲學家羅素不就說了：「今日世界種種問題的基本成因是，愚蠢的人自以為是，而聰明的人卻疑神疑鬼。」連聰明也沒有可以讚賞的地方，可見要因應世事的變化還有得轉向再想。

原則上，我們不宜奢求一個極好的將來。因為那是高耗能和高爭鬥等所換來的，而在這個資源日漸短缺的環境中是不可能有許願就給實現的；我們約略只能鞭策自己當一個才藝可以保有生命尊嚴且不增加地球負擔的人。

這減卻了一點西式創造發明的「盲闖」未來性，又不至於染上「汲汲營營」的難看通病，是比較適合現今生活的存在感。

4 圖像思維

詩是文學中的貴族，它的高度精鍊的語言和善用譬喻的手法，都會讓這個由符號所組成的「感知世界」無比的風華粲美。

像「攀爬中的蕁麻捲起了灰色的斑駁」，這是歐第貝帝藉來寫「蕁麻和灰牆的戰爭」的詩句，我們只會覺得驚喜而嗅不到硝煙味。還有像「她丈夫的呼吸把她的睡眠鋸成兩半」這句高柏《心靈寫作》書中所引的詩句，也同樣會使我們拍案叫絕而忘了女主角和她的丈夫的「衝突」。

這種美感，都是由「圖像思維」所帶來的。圖像思維，也叫非線性思維或跳躍性思維。它跟一般線性的邏輯思維最大的不同處，在於後者只能用來「尋繹」或「條理」既有的世界，而它卻可以「翻新」既有的世界或「開創」不曾有過的世界。

倘若我們需要一個經常活絡的心靈空間，那麼多採圖像思維的模式，未嘗不是最佳策略。這樣當我們要人家聽我們說話，就不一定得聲嘶力竭的去呼喚，而會改用「各位的耳朵借一下」來隱喻式的籲請；而調侃別人「嘴飽目不飽」，也可以換詞說「你的眼睛大過肚子」而省去直接數落對方的尷尬。

有個傳言說：「暴君並不怕嘮叨的作家宣揚自由的思想；他只擔心一個醉酒

的詩人說了一個笑話，吸引了全民的注意力。」這就透露了：想改變世界而使它轉為更頂極美好，只有靠詩人。而現在我們又知道了：想當詩人，就得從學會圖像思維開始。

5 許一個知音

德國哲學家康德曾經誇說，他所了解的柏拉圖更甚於柏拉圖自己。這遭到了伽達瑪的隔代反唇相譏：「我們不能自稱更加了解柏拉圖，我們只是了解的跟他本人不同罷了！」其實，柏拉圖能否了解他自己，也還是個問題呢！

大家知道，我們連自己的身心狀況都常捉摸不定，怎麼可能對別人了解得一清二楚？太過相信的結果，就是怪罪連連：一方面在自己還沒有好好省思一番前，就寄望別人來了解自己，而當別人「不願配合」時就說別人沒心肝；一方面會老是以為自己太了解別人，但對方就是頑固不領情，以至轉而憤恨別人。顯然知音說在這裏種下了可怕的種子，一旦不小心茁壯開花結果了，就會「毒液」四射，搞得世界很不安寧。

春秋時代，俞伯牙和鍾子期相知相契的故事，固然一再傳為美談，但那也

只是對於音樂有共同的品味而已，真要說到他們的相互了解，恐怕還遠得很。畢竟笛卡兒的名言「我思，故我在」或作家蒂蒂安所說的「我們透過寫作，發現自己的想法」那一永不確定未來感，還會是我們所得納為審己度人的依據。換句話說，保留一個對己對人認知的彈性空間，我們就會比較自在愉悅。

這麼一來，倘若還真的渴望一個知音，那麼這個知音就勢必是無限延後的「未來完成式」：它以甜美的想像發願，而以不增加自己和別人的負擔自律，然後隨它自然成事。

6 生命邏輯

據觀察，會問「生命是什麼」的人，智商都不低；如果會再問「倘若生命只剩一小時，要怎麼辦」，那就更不同凡響了。

從「生命是什麼」到「倘若生命只剩一小時，要怎麼辦」的追問裏，顯然存在著一個內在的邏輯：就是我要知道自己有什麼，以及這個「有什麼」如何發揮功能到終了。這是一個智慧性的探索，也是一個攸關顏面的反思。

許多生理學家、遺傳學家、生物學家、哲學家、宗教學家都在為生命作界定

而顯現他們的見識，但他們似乎都還不知道，這種相關生命的立論主要是為了顯示自己沒有別的長才下的一點成就，不然有什麼東西能藉為在別人面前「抬得起頭來」？

就是因為要爭一口氣而不被人看低，才不斷地尋找免於凡庸的出口。它在外表上正如詩人賀德林所說的「活著，就是在捍衛一種形式」；而在內裏則得毅然決然地把才華磨光點亮，做一個相稱於「特能反思生命」的高等人，或從事發明，或立志創作或試為建構學術，不再白活。

至於接下來的「如何保證會有成就」的問題，那就姑且相信柯爾賀《牧羊少年奇幻之旅》一書所推斷的「當你真心渴望某樣東西時，整個宇宙都會聯合起來幫助你完成」。換句話說，除了盡力去實踐，我們還能等什麼？

7 牽掛

學會牽掛，是作為一個人最基本的條件。試想如果我們無所牽掛，那麼跟動物又有什麼區別？因此，重視牽掛，也就成了我們是否足夠成為「人」的一大保障。

只是究竟要牽掛些什麼，卻又形成新的問題。好比有人牽掛功名，有人牽掛錢財，有人牽掛愛欲，有人牽掛親情，有人牽掛歲月不饒「最是人間留不住，朱顏辭鏡花辭樹」；但這樣的牽掛算是牽掛嗎？

聽聽哲學家賈塞特和詩人賀德林說的話：「生活的目的，就是去追求一種使命」、「活著，就是在捍衛一種形式」。這所牽掛的，已經朝形上超越去了，不再跟世俗的牽掛等量齊觀。此外，藝術家史特拉汶斯基所說的「偉大的藝術家總是輾轉難眠」，則又是另一種負擔不輕的牽掛。這類牽掛顯然境界高多了，也許作為一個人正要以它為標竿，期盼整體文化因為有它的介入而不斷豐富多彩起來。

當然，在牽掛往前衝刺能否如願時，擔心「有人擋路」的牽掛也會跟著發生，就像諾貝爾文學獎得主梅特林克所說的「在通往未來之路的每個岔口，每個積極的靈魂都會遇到上千個決心捍衛過去的人」，但這是考驗牽掛轉進的機會，而不是要人從此放棄牽掛。

其實，還有更高境界的，就是牽掛著牽掛。這是指我們牽掛所該牽掛的事後，還得回過頭來反省牽掛的止境。換句話說，我們內裏被牽掛佔滿了，那牽掛會不會變成一頭怪獸在心田上狂奔而終致殘敗不堪？這時的節制力，可能就是那

一方還有待開啟的斟酌支配欲多寡的「靈明之智」。

8兩腳書櫥

南齊時，有個陸隆，極為博學，但大多不解文義，王儉稱他為「書櫥」。後來大家把讀書多而不善運用的人叫做「兩腳書櫥」，典故就是出自這裏。

顯然當了兩腳書櫥，不會是一件光榮的事。就像清朝有人能將數千萬字的十三經注疏背得滾瓜爛熟，卻沒有能耐融會貫通再創作，至今連他的姓名都沒機會被人「記上一筆」。可見兩腳書櫥還真是一大諷刺！

為什麼會有這種現象？那大概不是「死背死記」，就是「記死背死」。也就是說，他們都僅憑一股蠻勁和驚人的記憶力在背書，絲毫沒有理解契會，以至連「活」的書上的知識都被他們僵死了。

每次看到「求知心切」的人在背字典，或者拿百科全書、法律條文猛啃，我就很難不想起陸隆等人的故事。這不是說他們讀書的志節不可愛，而是說他們根本還沒搞清楚累積智慧和記誦資料的差別。

其實，兩腳書櫥也算是愛讀書的人，只不過他們的「不求甚解」和「胡亂記

憶」，反而讓好學變了樣；最後即使天下書被他們背熟了，也還是一個「什麼都沒有」的人。

這麼說來，擺脫兩腳書櫥而還要讀書進取的唯一宿命，就是繼續當兩腳書櫥；但這次是要活動可調節的，而不再是呆板失機趣的。

9 超快活

通常無憂無慮的人，別人遇見了，都會以「快活似神仙」形容他。不知道那可能存在的神仙是否真的快活過，就我們的實際經驗來說，無憂無慮的「沒有作為」涵義，簡直是人生最大的諷刺！

富洛克《快活：完全享樂手冊》書中認為「如果避免掉所有享樂事物，你就會長壽並擁有幸福人生」是一種荒謬的假設，但倘若積極去享樂了，那麼就一定會幸福長壽嗎？依坎柏《神話的智慧》的講法「我們必須放棄已計畫好的人生，才能擁有前方等待著我們的生活」，這樣我們就只能當一個不能計較快活多寡的過河卒子。

其實，這裏面隱藏有一項少被發掘的真理，就是痛苦是人生的歷程，而快活

只不過是痛苦的短暫停止罷了。想想我們要「努力」工作才有飯吃，要「勤奮」念書才能晉升身分地位，要「不懈」追求才競爭得到愛情，到底有那一樣看起來像是免費大放送的？如果說裏頭還有點「獲得了」的快活可以享受，那麼它也僅是「瞬間狂喜」，過後又是漫長困頓的「追逐之旅」！

這樣何不來個「超快活」，把快活連同痛苦一起淡忘，當個永不滿足又不會怨嗟的人。這時所超越到達的，就是自我修養的極限；在那裏凡事都可以「平心靜氣」以對，無所貪圖快活，也不被痛苦深纏。

10 魅力

大概除了金錢、愛情和政治，人最在意的就是「有沒有魅力」這件事。有魅力，連帶的會有尊嚴和榮耀；沒有魅力，則生命如一堆糞土，只能任人鄙視和唾棄。

至於怎樣才有魅力，一般人想到的不外是發揮才華、累積功業和高尚品德之類；不然就是宗教界能贏得人心的卡理斯瑪型領袖那樣。這在基本上都足以用來框限魅力的性質，而讓想一嚐魅力滋味的人「有跡可尋」。只不過該魅力能否持

續，則有幸和不幸。

有些人的魅力跨越了時空還在；有些人的魅力短如曇花一現，只因「際遇不同」，彼此實在無法再行度量所見魅力的高下或短長。《玻璃樽》影片中說到「星星在那裏都是很亮的，就看你有沒有抬頭去看它們」。把這裏的星星轉來隱喻魅力，那「看你有沒有抬頭去看它們」就充滿著不確定的變數：也許別人刻意的抬頭看了；也許別人根本無心瞧它一眼。這樣該不該去營造魅力，也就成了我們所要認真面對的課題。

大體上，只要不是矯揉造作的展現方式，魅力一定會有某種程度的釋出空間而使人感受到它的崇高美。而這如果藉由創造物傳達，那麼它就會更增一分距離的韌度。好比蒙娜麗莎那謎樣的面部表情，讓法國一位年輕藝術家寫下「多年來，她的微笑令我相當掙扎，現在我寧可死去」這句話後，從旅館的窗戶一躍而下。在那個頃刻，作者達文西恐怕是隱隱的召喚者；他隔著畫布神秘的攫住看畫人的心。

因此，嚮往擁有恆久魅力的人，理當要從這裏得到深深的啟發。

11 剪貼靈感

俗話說「福至心靈」，講的就是靈感。靈感這種東西，突如其來，無法預期，也無力培養，但總有令人驚喜不已的魅力。

西方人習慣把靈感當作「神賜靈氣」，就像柏拉圖所說的「詩人是一種四體發光、翼生雙脅的聖物，除非受到啟示，不然是寫不出詩來的……因為讓他吟出詩句的，不是藝術，而是神的力量」。這時人對靈感自主性就幾乎等於零，顯然不大合情理。

海峽對岸的中國人則持唯物論，只把靈感視為文化積澱於潛意識而在瞬間迸發的產物，既沒有外在的神靈加持，也沒有自我靈力的醞釀。這樣來解釋人的慧心妙思，固然也說得通，但還是嫌少了一份神秘性。如果要發展一種比較中肯的說法，那麼「人的內靈觸物而感發」這一界定應該是可行的。因為我們能觸物而感發，所以凡百事物都可以「興起遐思」和「逗弄機趣」，而勾引出無窮的私祕體悟。

由於靈感來去無踪，不能強求，以至當它一旦來臨時，就得立即加以捕捉，不讓它輕易的流逝。而這最好的辦法，就是像處理剪貼簿那樣，一一的加以「剪貼」起來；然後使它們「各得其所」，而發揮美感創意的功能。

這種剪貼靈感的作法，根據經驗已經是人的學問能夠成就和事業能夠成功的一大保障；而依照推理也應該是人類的文化創新能夠向前推展的一大法則，似乎都不能小看。

12 書寫

「我思，故我在」，笛卡兒這種看法，嚴格的說並不怎麼精確，應該是「我寫，故我在」。「我思」時還在混亂不成形階段，只有到了「我寫」時才會定型化，而此刻的「我在」才有真實感。

可見書寫是我們塑造自己和發展自己的終極憑藉，誰少了它就不僅是「人生有缺憾」而已，還有連「自己是誰」都無法十分的肯定。

紀德和范樂希兩位作家，有一次一起散步，紀德說：「我，假如被人妨礙寫作，寧願自殺！」范樂希說：「我，假如被人強制寫作，寧願自殺！」前者是執意要寫作，後者是要選擇性寫作，二者在境界上雖然低高不同，但都沒有忽略書寫的必要價值。

這種價值，固然也帶有點「為貧困解套」的色彩，就像韓愈所說的「文窮而後工」或毛姆所說的「自古以來，沒有一個人不是為金錢而寫作的」，但它可以藉為昇華自己的生命和可能促成文化的進展，還是值得我們強為信賴。

似乎只有去書寫了，我們才會知道人生能夠規畫到什麼程度，以及真正要面對的難題是什麼。所謂「作家就是比別人更覺得寫作很難的人」，湯瑪斯・曼說的這句話，不啻在預告「書寫人生」的完成式永遠是未完成的。

為了這個不可能達成的完成式，我們的書寫經由反省會添入另一層次的標的：無止境寫下去而使生命無限延伸的越發巨大感覺，仍然可以換來「終究沒有白活」的實質欣慰。

13 埋藏信仰

相傳有一位神學院的學生跟人家辯論了整個晚上，突然他如夢初醒的叫了起來：「現在我搞清楚了，原來你的『上帝』就是我的『魔鬼』，你的『魔鬼』就是我的『上帝』！」這在相當程度上透露了信仰一事很難有妥協性。

信仰，是由情感強烈激發的堅定的信念；它所施用的對象，可以是神，也可以是某種形而上的理念，甚至還可以是金錢。而上述的例子所信仰的，就是有關

善惡的形上理念。這類信仰本來應該深埋在內心，不輕易讓它曝光；否則像那位神學院的學生，很快就會引發一場「劇烈的戰爭」！

通常信仰神的人，所強調的理當是他跟神「私密性」的感通，而不是把它掛在嘴邊來跟別人「一較長短」或對別人「橫加干預」。不然信仰就會產生質變，換成是一種工具，從此遠離自我最初的深沉的信念。

或許有人會說，信仰金錢就不必理睬上述的限制。也未必！信仰金錢基本上還是有怕被人指責或嘲諷「庸俗」的忌諱在，將它藏著總比一再曝露的好。更何況像一神教的經典還有這樣的說法：「有錢人要抵達天堂，比駱駝要穿過針孔還困難！」倘若你真的視錢如命，那麼不在言行上「守住秘密」，豈不是要逼迫自己去面對「被神嫌」的更不確定的環境？

由此可見，埋藏信仰，就成了人在「有了信仰」以後必須要有的修養。

14 第N感

喜歡發明理論的人，都有一個特徵，就是駭怕世界太單調，像IQ（心理智商）、EQ（情緒智商）、SQ（社會智商）等論說的連番出現，無不是一副「唯恐天下不亂」的樣子。世界是五彩繽紛了，但相對的我們也會迷惑於那些理論的眩眼擾心。

最近又有相似的「第七感」理論成形，倡導者席格覺得先前的「眼、耳、鼻、舌、心」五感和「超經驗」的第六感說，都還不足以解決一個「反思」的匱乏問題，所以他要人開發這個能自省的第七感，以因應世事快速的變化。這看來是「後出轉精」了，卻又不然！

除了第六感能通神秘界以外，人所有其餘的意識能力都在前五感的「綜合作用」裏，包括能夠不斷地後設思考事物在內。好比奧古斯丁所說的「人的本質在於向自己提出疑問」，就是從這裏發端的。

這麼一來，人所擁有的就不是只到第七感，而是第N感，因為意識不盡而後設也可以無限。

如杜布森的言語「你說時間過去了？啊，不對！是時間停駐，我們過去了」，這是詩人的後設察覺；而無名氏所說的「哲學不能烘麵包，但能使麵包增加甜味」，這是哲學家的反思表現；而皮爾《人生的光明面》書裏所指出的「你最好的朋友，乃是將你心中本來有的最好的東西引發出來的人」，這是倫理學家的N感後的見解，這些都無法研判是第幾感。

由此可知，不被各種理論束縛的最好辦法，就是自己也要一頭栽進理論裏，把問題搞清楚了，就不會被別人牽著鼻子走。

15 預知能力

據觀察，有許多動物如蛇、蜥蜴、老鼠、鳥和鯨魚等，都有預知地震的能力。此外，有些特異人士也有類似的能力，像美國有位名叫荷洛塔的女子在地震或火山爆發前幾天就會感到明顯的頭痛；而義大利有位名叫卡達治的男子可以用腳趾感應地震的前兆，以及印尼有位名叫馬利森的祈禱師會在火山出現異動跡象前預先警告眾人作準備。

這種預知能力看似很誘人，實則背後都有神秘力量在加持傳授，不是想學就學得來的。至於一般所說的預知能力，大概就像大量經驗累積後無意中頓悟，猜中率即使不是百分百，也不致太低。

好比有個例子：一名天文學家正在看一支兩百英吋長的望遠鏡，突然驚呼：「快下雨了！」他的助理說：「你怎麼看出來的？」他說：「因為我的雞眼痛！」這不就是用經驗預知未來的明證？可見除了神秘界的賜予，人所有的預知能力都離不開經驗的積深作用。

這樣人就不須羨慕一些預言家的預知能力。他們的預言如果有效，也是接到神祕界而被藉為警示發用，不是任何人在沒有相關機緣的情況下可以仿效學會的。倒是我們應該儲備預知的經驗而懈怠了，致使一切的前景規模無由發生，那就會遺憾終身。

如不努力讀書，就不可能有學問；不積極鍛鍊才能，也不會有機會出人頭地。此外，凡是欠情、欠債、欠其他東西的，也勢必會被追討，這些都只靠經驗就能預見的。如果你學不會，只好一輩子看人風光過活。

16 癖

美國經濟學家科文《達蜜經濟學》一書中提到，喜歡編排資訊的人，都有自閉的傾向；尤其是不善跟人交往而老躲在電腦後面玩部落格的人，更自閉得厲害！這其實反映了人的一些癖好。

癖好的「癖」，可以諧音屁、僻、闢等。故意張揚自己的癖好，會臭屁；而癖好只自己信守，就顯得有點自閉式的僻靜；至於能將癖好用於創作，那一定可

以開闢出事業的康莊大道。但不論如何，有「癖」總是值得留意，因為它經常會為世界增添異采！

正如張潮《幽夢影》書中所說的「人不可以無癖」，就像「花不可以無蝶，山不可以無泉，石不可以無苔，水不可以無藻，喬木不可以無藤蘿」。人生的機趣就盡在這癖的發用；而世界所以五光十色也正是癖所傑作的。

相傳英國作家波普只有在身旁放上一箱爛蘋果才能寫作（因為那種腐爛的氣味可以激發他的靈感），而美國作家麥唐諾則習慣一絲不掛在家中的陽臺寫作。這跟中國古代的王勃擁被高臥打腹稿和李賀騎驢覓詩等怪異行為異曲同工，他們都從癖中享受到了創作的快意；而這個世界也因為他們的癖發生作用，而沾到「一併光采」的好處。

顯然癖的潛力無窮，任何一個想要有成就的人，可能要培養一兩項癖好，才知道轉為才藝有常人所沒有的神祕兼暢適的歷程，以及邁向成功背後的持續性的支持力量。

17 抉擇

前面有兩條路，一條是彎路；一條是直路。走直路，會看見風雲變幻；走彎路，則可以額外遇到奇花異卉。而選擇的人，機會只有一次。

喜歡奇花異卉的人，可能成為詩人、藝術家、哲學家；而著迷風雲變幻的人，也可能當上企業家、政治家，或者大無賴。這一旦上路了，就難以回頭重來而還能一樣風光。

歷史上，走彎路的人會批評走直路的人是「祿蠹」、是「利欲薰心」、是「焦牙敗種」；而走直路的人也會訾議走彎路的人是「不切實際」、是「搞高級的騙術」、是「破壞傳統的傢伙」。但他們都不可能互換立場，彼此再反向對罵一番。

因為世上僅有這兩條路，邁不開步的人都已經被猶豫剝奪了選擇權；而在路上的人，只得持續往前走，稍一遲疑就會「仰看一鳥過，虛負百年身」。

「要嘛忙著生存，或是趕著去死，人總是要做點什麼！」這是《肖申克的救贖》電影中的對白，跟上面的話可以異曲同工的相互輝映。

有人可能會擔心，如果選擇生存並且盲闖了自己所判定的歧路會怎麼樣？《四根羽毛》電影也說了：「上天會把我們身邊最好的東西拿走，以提醒我們得

到的太多。」最後還是會有仲裁的力量介入，在旁邊監督一切。

18 另一種兩難

古希臘德爾菲神廟上刻有「認識你自己」一句箴言，長期以來不知道打動了多少人的心，直到二十世紀都還有美學家班雅明極力在推崇它的價值：「幸福就是能夠認識自己而不感到驚恐。」

然而，認織自己的艱難度，卻也不禁從另一面悄悄地孳生，就像梭羅所說的「一個人想要了解自己，如同不轉身就想看到背後的東西一樣困難。」此外，哥德也曾調侃過這件事：「認識自己！我要是認識了自己，我可能早就逃跑了。」因此，合理懷疑我們認識自己能耐的有限，也就成了一個新的課題。

這個課題，可以刺激我們省悟對自己「過度的寬容」和對他人「無理的苛求」的心理缺陷。好比我們向來都難以察覺自己身心莫名的變化，卻又很容易否定「不了解自己」這樣的自我質疑；而對他人「不善體人意」或「故意找碴」也認真的計較或恨得牙癢癢。殊不知我們對自己都不大了解，怎麼可能奢望別人來了解自己且不要隨便挑毛病或放冷箭？

顯然這是另一種兩難！它比一般對事物「非黑即白」或「非好即壞」的抉擇那種兩難情境，多了一個「闇默覺察點」。如果能過了這一關，不再自我遲鈍，那麼就可以免去「不動腦筋思考的人就不配活著」的蘇格拉底式的譏諷，而做個真正有品質的人。

19 彼得原理

以前有位名叫史密斯的神學家，做過一個試驗：他讓不同類型的人挑選桌上有洞的形狀，結果發現三角形的人選擇方形洞；橢圓形的人卻喜愛三角形洞；而四方形的人則擠進圓形洞，顯示人在現實中很少適才適所。

這在複雜且變動快速的社會裏，情況會更嚴重，因為大家增多了攀援競逐的機會，而讓到手的職位變成對他個性的「最大嘲諷」！這似乎應驗了美國企業管理學界曾流行過的「彼得原理」：「在層級組織中，人都會晉升到不適任的階層。」因此，嚴格的說，整體社會是一個「亂性」的場景，很難寄望能夠有「齊力」把它帶到優質的境地。

縱使如此，還是有一些才華高卓的人，他未必會去跟別人競爭不適任的職

位，但一定可以給社會點綴光采。這是彼得原理所無從理會的一面，也是一般佔了位子卻沒發揮功能的人所難以想像的。

大體上，彼得原理可以用來解釋現代社會所以讓人感到駭怕的地方：當大家紛紛晉升到不適任的階層後，就會反過來非理性的壓迫比自己低階的人，或對更高階的人陽奉陰違以謀取再晉升的機會。可見彼得原理已經不是在作現象的指陳，它還寓含了一種「人為苦難」的來源。

因此，想要擺脫酷似魔咒的彼得原理，只有一個辦法：就是有才華的人繼續爭氣，讓那些尸位素餐或僭越職位的人無法高漲氣焰，也許社會就能平衡一點。

20 為尊嚴而活

從人會關心自己的身世開始，大概就一直在問「為什麼要來世上」？顯然這裏蘊涵有某種弔詭性：從來沒有誰徵詢過我們的意見，就把我們拋擲到塵世；而來塵世後卻要自己去規畫未來的人生！

如果有人不想規畫人生而純任自然過活，是否就可以逃避「對自己負責」這件事？恐怕不行！因為在人的世界，你想當動物或植物或礦物，除非大家跟你一樣有共識，不然只要別人一個不屑的眼光，就會把你重重的摔在地上。

這樣我們就得認真思考「在世上究竟是為什麼而活」這個嚴肅的問題。這看似簡單，其實再複雜也不過了。不信且看，有人為金錢或子女或權力或理想而活，不一而足，但就沒有人可以告訴我們「那又怎樣」？人想活得比別人要有「不枉在塵世走一遭」的價值，勢必得再想其他辦法。

相傳《麥田捕手》作者沙林傑成名後，始終在躲避鎂光燈而過著離羣索居的生活，但在他九十高齡時卻透過律師控告作家寇丁出版《六十年後：麥田今昔》，裏頭大談特談《麥田捕手》裏的霍登；沙林傑認為寇丁侵犯他的權利，因為霍登是他創造出來的角色，他擁有對霍登的發言權。可見這有一個特別重要的「尊嚴」問題存在！

的確，人就是為尊嚴而活，不願被看輕、不願被冒犯、不願被侮辱，要活得像「一個人」。由於這種尊嚴難度高，所以才值得我們「終身許之」。

21 專業敏感

當今謀生主要是靠專業能力。如果沒有一技之長或特殊才藝，基本上不可能

找到一份「好的工作」。而這種專業能力，則來自長期的專業敏感。也就是說，必須隨時養成專業敏感，才有可能在工作場域有凸出的表現。

正如物理學家波茲曼所說的「一位音樂學家在聽到幾個音節後，就能辨認出莫札特、貝多芬和舒伯特的音樂。同樣的，一位數學家和物理學家也能在讀了幾頁文字後，辨認出柯西、高斯、雅科比、赫姆霍茲和基爾霍夫的工作」，這種專業敏感的深具，就是一個人能在職場上通達的必要條件。

二十幾年前，我開過一輛中古車，當時常為車子故障修理而煩惱。有一次，請保養廠的人幫忙檢查化油器。他取出拉桿，看看沒問題後，又放回去，結果索費三百元。我問：「你打開化油器只瞧一眼，怎麼要收錢？」他答道：「這是專業呀！」頓時我恍然大悟，原來人是靠專業在賺錢。

又有一回，在一家理髮店剪髮，我乘興問理髮師洗一輛車和剃一個頭的時間一樣，但人家只收費一百元，而你們卻要兩百五十元。對方回答：「洗車不必技術，理髮要啊！」是嗅，我又學了一課：技術真的很值錢！

上述兩位，他們應該都有十足的專業敏感，知道給什麼人剪什麼髮型和給什麼車做什麼檢查；而他們又在實際場所販賣結合那種敏感的專業能力，這就完全懂得了所謂的「謀生之道」。

卷 六

道德黃金律

《不夜城》影片裏有句話：「這世上只有兩種人：騙人的和被騙的。」這固然誇張了一點，但它所暗示的詐騙史跟人類史一樣漫長，卻沒有我們可以反駁的餘地。

*卷六　道德黃金律

1 騎牆派

雖然說這世界不是「非黑即白」，但總有某些信念必要堅持，人才能活得有方向。而出了這個範圍，就會猶豫不定；慧黠一點的，可能變成投機分子，墮入「騎牆派」一流。

騎牆派，站在牆上觀看兩邊的動向，然後才決定加入那一邊的陣營。這在現實中所見多是，如換政黨、買期貨、議事見風轉舵和行善看那邊較可獲利等，從來不知道要把自己的主見擺在中間。

這種現象，本來也不算壞事，因為人間社會的活絡還是得靠騎牆派來激盪促成；但當他們的謀利超出可容許的「非厭惡」臨界點，就會變成讓人嫌棄或痛恨的根源。縱使太固執自己的信念也會使人「望而生畏」，但一旦有投機行為出來攪局後，恐怕那點畏懼感早已被後者「使人恐慌」所凌駕，大家從此都睡不安穩。

有個寓言故事說：某天，陸上的獸和天上的鳥發生大戰，蝙蝠有一對翅膀，想加入鳥類陣營，但因為長得像老鼠不得不投奔獸類，結果被兩邊所拒絕。那隻蝙蝠表面上看似情有可憫，但實際上卻是造成雙方人馬疑慮和慌亂的焦點，因為大家都在懷疑牠是對方派來的奸細。因此，騎牆派從某方面來看，就有點是「唯恐天下不亂」，難怪會遭人排拒。

那什麼樣的人會當騎牆派？很顯然的，才華欠缺、本事不夠和前瞻能力匱乏的人，都會沾上一點。而他的前途，就正如掛在窗旁的風鈴，動靜和吸引注意力與否都要看外面的風。

2 做個道德零負人

有一個常掛在人們嘴邊的道德口號，叫「做善事」。而它的正增強，就在「做善事」可以成就儒家式的仁聖美名，或者避免佛教所說的在輪迴時墮入惡道，或者一如基督教所崇仰的優先獲得救贖重回上帝身旁。可是問題真有這麼簡單嗎？

依照經驗，做善事不一定會獲得善果。好比「放生」的善行所鼓勵商人捕捉野生動物來供人施放所造成擾亂生態的惡性循環，以及高姿態的施捨金錢或物質所帶給人的心理負擔而引發的「不食嗟來食效應」等，都是鮮活的例子。

其實還有比這嚴重的：像一九七〇年代拳王阿里捐助非洲中部的鑽井工程，結果招來游牧民的屯聚，所飼養的牲畜把水井方圓三十公里內的草木吃得精光，形成來自撒哈拉沙漠的熱風吹向大海的通道，從此獅子山中部寸草不生。

又像流行歌手史汀曾為亞馬遜河流域的原住民奔走呼籲，終於促成巴西政府允諾給一大片的保留地。但就在法令生效當天，跨國公司悄悄地跟土著達成砍伐森林和開採礦產的協議；而據說所得款項多被酋長挪為購買私人飛機、建豪宅和吃喝玩樂，很少用在族人居住環境的改善。

賽普維達《教海鷗飛行的貓》裏提到大好人哈利很喜歡黑猩猩，知道牠愛喝啤酒，每當猩猩口渴時就給牠一罐啤酒，結果造成那隻猩猩「已經有些酒精中毒了，一點羞恥心都沒有」。

因此，做個要做善事就得沒有「反效果」或「不良後果」的道德零負人，還會是我們今後想成就美名時須深為戒惕的。

3 止騙

當今社會，詐騙事件頻傳，讓人不憂心也難！其實，這並不是現代才有的現象，它恐怕自古以來就一直存在著。《不夜城》影片裏有句話：「這世上只有兩種人：騙人的和被騙的。」這固然誇張了一點，但它所暗示的詐騙史跟人類史一樣漫長，卻沒有我們可以反駁的餘地。

揣摩詐騙者的心理，不外嫉妒、反社會、想不勞而獲等，此外似乎不再有什麼特殊的理由。然而，這樣的理解會一併高估了受騙者的節操。也就是說，受騙者所以會被騙，不見得是他擁有可被嫉妒或可被羨慕的東西，而是受騙者根本上也想騙人。

當自己也想騙人，才會知道要防範被人騙；而最後無意中被人騙了，那也不過是「不小心」或「運氣差」而已，並沒有改變「被騙的也想騙人」的格局。美國諺語說：「第一次受騙，是別人壞；第二次受騙，是自己笨。」這裏所要提醒人注意「受騙上當有損人格」的事，未必有效，因為只有你也存心騙人，才可能反被人騙；而當一個人連「騙」的概念都沒有時，他也不會曉得有被騙這回事。

這樣說，好像世上很少有不會騙人也無所謂被騙的人，這很難取證。但從「人類不是理性的動物，而是會找理由的動物」這句科幻小說家海萊茵所說的

話來看，大家最終還是會想辦法開脫。因此，試試「止騙，從防止自己騙人開始」，看是不是管用。

4 突破人情的臨界點

我們的社會，很講究和諧人際關係所需的倫理道德，導致大家常要面臨一個人情的臨界點，就是不「禮尚往來」或不「知恩圖報」，你的信用就會出缺，這的確是頗讓人惴惴不安的恆久性負擔。

它基本上也沒什麼好辦法可供我們對那些倫常說一聲「不」。然而，事情總有例外，就像春秋時代「管鮑之交」的故事裏，管仲有負於鮑叔牙並未見棄；而日本良寬禪師在把身上唯一的衣服脫下來送給偷兒後也不可能索求回報，這都是「守住大節而不拘小節」或「轉念自釋衷懷」的作法。

或許突破人情的臨界點，就靠這種另類的修養。它在反向出發或從新面對相同課題時，最好以「不忮不求」為自我尊嚴的最高原則；然後採用珍・奧斯汀在《愛瑪》書中所透露的「世界上總有一半人不理解另一半人的快樂」觀念，去原諒那些隨時可能慣性負人的狂徒，畢竟我們無力阻止在這張人際關係網絡裏總會有「你的痛苦就是別人的快樂」的情事發生。

不然，就暫且認同詩人狄金蓀的名言：「心靈，會選擇它的社羣。」等我們找到了相契又能相惜的夥伴，就可以省卻許多不必要的進退應對和爾虞我詐的辛勞。屆時你要怎麼「把你自己沉浸在一碗夏日時光裏」，詩人維吉爾也不會反對；或者再體驗一下哲學家巴斯卡近於無厘頭的論斷「真正的道德無關道德本身」，也是無妨的，因為你已經卸下了一大落心中包袱。

5 甄愛

愛這個字，筆劃不算多，但有點難寫。難寫的原因，是它的每一筆都會勾起人許多難堪的回憶。也就是說，愛不論是有匱缺，還是太過滿溢，或是恰到好處，在漫長的追逐或釋放的過程中，都不免會有某種程度的煎熬；而這種煎熬在落筆書寫它的時候，特別容易重現深化。

可能有人會說，我們都在學習愛和被愛中長大，對它應該再熟悉也不過了；但愛的浮動性大和附加條件多，卻也使得我們對它最莫可奈何！不信且看：基督教所示的博愛、儒家所示的仁愛和佛教所示的慈悲（菩薩愛）等，這些屬最高級序的道德律令，已經讓人應接不暇了，更別說還有更擾人不定的屬個別性的情

愛！試問古今有幾個人能夠很愜意的在那些愛中存活？

拜恩《秘密》一書提到：「愛是最偉大的情感。」這話說得感性，也很悲壯！是不是因為愛不易擁有和產出，所以才讓人覺得它「超越一切」的偉大？如果是這樣，那麼我們可得小心甄辨了：追求過於偉大的東西，可能也是造成人萎縮變渺小的根源。戴安渥斯不就說了：「愛最溫柔的部分，就是它的暴烈。」大家都搶著愛人或被愛，殊不知已經被逾量的熱度所灼傷，從此只知道依賴愛過生活而沒能耐挺立於天地間當個才學的巨人。

此外，還有一種不分青紅皀白的濫愛，傷了別人的自尊卻懵然不知，還自覺委屈以為很愛人反得不到回報，這就更無緣晉級博通超常的先知了。

6 新惠施傳奇

先秦時代，莊周和惠施二人的交情很特別，經常摻雜著緊張氣氛；不但彼此對事物的見解歧異，還因為權益衝突而使得相互的信賴感培養不起來。

一次，惠施作了梁國宰相，莊周去求見，惠施聽信「莊周要來取代他」的讒言，連續三天派人搜捕他，讓莊周大為感嘆！接著兩人在濠梁上遊賞，惠施

還一再的否定莊周「知道儵魚的快樂」這件事，擺明了就是「我惠施不讓你有任何表現的機會」，直教人不敢置信！

這是相傳「學富五車」的惠施的故事。現在看來倒覺得那些幫惠施作宣傳的人都被蒙騙了，才會「言過其實」。但話說回來，那個社會沒有惠施這樣的人？自己得了點好處，生怕被別人搶去，猜疑戒慎甚於防賊；更不可思議的是，不想想自己是如何的淺薄乏知，卻處處要阻絕別人有知！

像當今在公開或私下的場合，我們常會聽到「我不懂你在說什麼」、「你說的我都不同意」、「我反對你說的一切」這類的詰問，豈不像極惠施那一副反知的口吻？詰問別人的人，從未虛心的反過來詰問自己：憑什麼可以一逕的反對別人的說法？再說你自己甘願當「現代惠施」，卻要別人為你的無知負責，這算那門子的交易！

詩人羅斯克說：「在黑暗的時刻，眼睛才開始看見東西。」藉他的話，我們也可以說：只有事理遭到混淆了，人家才會了解知識是如何的可貴。這麼一來，惠施的「精神不死」還真有貢獻，至少我們會曉得黎明前的黑暗是什麼樣子。

7 公孫龍式的困境

戰國時代，各地諸侯紛紛自主國政且相互攻伐，社會動盪不安，引得諸子百家競起，立意要拯救危亡。當中好辯如公孫龍，就以一套正名實理論準備從改造大家的思想做起。

有一天，來了一個叫孔穿的男子，想拜他為師；但有個附帶條件，就是要公孫龍別再講「白馬非馬」那一套東西。公孫龍聽後，當場給予呵責，說他就是靠白馬論聞名於世，不講這個就沒什麼可教人的；再說想來求教的人卻先教起人，真是悖謬到極點！結果公孫龍沒能收到孔穿這名學生，而孔穿的問難也隨著他的離去而沉寂了兩千多年。

爾後沒有人再提這段「學生教老師」的故事，殊為可惜！我們應該感到好奇：當學生的為什麼不可以提醒當老師的他的說詞有盲點？以公孫龍的「白馬非馬」論來說，不論它是指「白馬不是馬」還是「白馬不等於馬」，都會遭到「那白馬是什麼」的質疑。公孫龍的強分專稱和泛稱，跟別人的泛稱包含專稱觀，顯然大相逕庭；而依他的說法類推，「藍海非海」、「綠樹非樹」、「白人非人」……這會很傷人感情！

公孫龍沒有雅量請教對方，導致一場可以掃除自我盲點的辯論無疾而終。他的困境，可能也是許多白命不凡卻不知己短的人共同的困境。還是韓愈講的話有智慧：「師不必賢於弟了，弟子不必不如師。」不然，思索一下尼采的名言「始終聽話的學生是最對不起老師的」，也許扮演不同角色的人從此都會更知道謹守分寸。

8 包容的限度

孔子師徒一次在閒聊時，有人提出「以德報怨」的問題相詢，孔子立刻反詰：「何以報德？」對方當下啞口無言。

孔子接著剖析「以德報怨」固然道德崇高，但對於有恩於我的人的報償，卻會「無以復加」而顯得不公平。因此，他認為最好是「以直報怨，以德報德」；也就是以正直的態度回應對自己有怨恨的人，而以對等的方式報答對自己有恩惠的人。

這裏就涉及一個包容的道德課題。凡是我們有所吃虧或不屑與人為伍時，有關究竟要不要包容對方以及包容要到什麼程度等疑慮，就會跟著浮現出來。

電影《教父》片裏有句話說：「千萬不要恨你的敵人，這會影響你的判斷力。」這

幾乎傳神的揭發了包容在自我保持清醒和不致壞事上的作用。換句話說，如果你不能包容與你為敵的人所帶給你的痛苦，那麼你可能會暫時失去理智而造成「盲目復仇」一類的瘋狂舉動，而讓冤冤相報的「惡性循環」成真且深重的影響人際的和諧關係。

不過，就像孔子師徒的對答所暗示的，包容必須有限度；否則無法正常的面對有恩惠於我們的人。

至於包容的限度又在那裏？這大概可以設定在「對方繼續要求你包容」時。過了這個臨界點，包容就會變得浮濫而失去原有的崇高的道德價值。

好比有個寓言故事所說的：「午夜酷寒，一隻駱駝哀求主人讓牠把頭伸進帳蓬取暖；接著又要求擠進半身子；最後牠把龐大的身軀完全縮進帳蓬，卻將主人一腳踢出帳外。」那個阿拉伯人不知道一味「以德報怨」的危險，最終白白的賠進了一切。

9 善惡樹

古希伯來人所帶出的伊甸園裏有棵善惡樹，被耶和華懸為禁令，但沒想到卻讓亞當和夏娃給破壞了：蛇引誘他們去吃樹上的果子。這一吃，兩人眼睛變

亮了，也知道羞恥了，結果被耶和華懲罰貶謫到塵世，從此過著有生老病死和必須勞苦工作及繁衍後代的艱困生活。

在這棵善惡樹被發現前，人是沒有智慧分辨善惡的，耶和華也不必「身懷戒心」。但自從這一切都改變了以後，耶和華無法忍受人有一半機會為惡而可能危及伊甸園的和諧秩序，所以把他們趕了出去。這就暗示著智慧的不穩定性；一旦有人藉此害人，世界就會開始危機四伏。

再從另一個角度看，人的智慧所以蘊藏在「善惡果」中，表示智慧對他人的憐愛或侵犯會不斷地深化，直到將世界分成兩半為止。這樣智慧可以保障我們過「好生活」，也可以導致我們過「壞生活」，它的兩面趨向性終究要決定人類「矛盾圖存」的命運。

雖然如此，原為耶和華所創造的善惡果，在開啟人類智慧的過程中，卻沒被校正而釀成不可收拾的後果，這又該由誰負責？難怪哲學家休謨會說「理性是激情的奴隸」，大家都臣服於自我的「原始衝動」而難以找到源頭。

這麼一來，在心裏種一棵善惡樹，也就成了我們返回生命來處的憑藉：智慧在那邊等著大家孳生另一種「無止境尋找答案」的智慧。

10 說謊

凡是人難免都會為「言不盡意」而深感困擾，以至常要藉意象、譬喻和其他方式來因應並「自我逃脫」；但所留下的話語，卻又讓他人無從猜測，暗地裏不知增加多少「我有理解障礙」的慨嘆！

是否也是因為這樣，才有人倡議要創設「科學語言」，以便能夠精確傳意，減少人際互動所產生的誤會。然而，這種美意至今卻還得不到普遍的支持；大家仍然覺得用「你高來，我高去」的語言，比冷冰冰的科學語言有趣且合人性。

實際上，這裏面還有一個心結在作梗：那就是作家赫爾所說的「你說得越仔細，就越平凡」，試想有誰願意當那個平凡人？而這還不是最關鍵的！最關鍵在：你說得越仔細，就越沒有隱私可以保留，很快就會變成透明人。試問有誰樂意淪落到這個地步？

但反過來說，我們不肯把話講得仔細，一些謊言跟著就出來了。在家庭、學校、工作地以及各種社交場合，無不需要「說點謊」，才能待得下去。金恩《為什麼愛說謊》一書提到，人一天平均說六次謊、聽到五十次謊。這可真寫實啊！難怪說出「沒有謊言，人類會因絕望和無趣而死」一語的詩人法蘭斯，會那麼擁護說謊這項樂趣。

只是我懷疑，恐怕連說謊也是「言不盡意」吧！不然為什麼有那麼多人為

了圓謊而說個不停？這樣看來，不讓謊話滿天飛而壞了「平靜的心情」的最好辦法，就是跟人互動時不必說太多話，以免自己都要疑惑：「我說的謊話是否也盡意了？」

11 道德黃金律

根據經驗，有好處自己先拿，犯了過錯別人去扛，這是「人之常情」。但僅是如此，不論其他條件如何，也只能是一個普通人，永遠無法超卓出羣。這種情況，可以稱作「品格出缺」。

品格出缺，最嚴重會撕裂人際關係，使道德淪喪，也讓自己沒有容身之地；這麼一來，也就顯不出人有什麼可以區別於其他動物。也因為這樣，所以有雅不願受限於純生物法則的先賢先聖，挖空心思的想出了一條「己所不欲，勿施於人」的道德黃金律。

這條道德黃金律所以不可動搖，在於沒有一個人可以違反它而還能受歡迎。換句話說，只要你把自己不想要的事物加在別人身上，就形同是侵犯別人或侮辱別人，如果不是立刻遭到反擊，那麼也會在往後不時發生消極抵制或暗中抗衡。

反過來，你遵守了這個遊戲規則，就有資格繼續取得實質的參與權。

雖然如此，人間社會還是不能只靠這種戒律來顯現它的文明程度；於是有所謂「己所欲，而施於人」的崇高化美德的倡導，以為營造更和諧溫馨的人文環境。而相對於前面那一戒律的消極性，後面這一戒律就帶有積極性，而可以更新我們的心理容量。

除了上述兩條道德黃金律，是否還有「第三種」可能性，目前還沒有人研究出來。但藉助佛教的「棄執觀」來設想，我們可以不以「施欲」為念，只做「所當做」，也許就會走出另一條路而使人格更高超。

12 不是你的錯

「原諒他人比原諒自己容易」和「原諒自己比原諒他人容易」，這兩個表面看來不相容的命題，實際上卻有著內在理路的通貫性。前者所「多」出來的對自己的不滿，會轉嫁到對別人的殘忍上；而後者所「少」給人的同情，也會持續的自我諉過卸責。

童話故事〈白雪公主〉裏的皇后和納粹頭子希特勒，就是典型的不滿自己終

而狠心加害別人的例子。這種已經不原諒自己有容貌或心理的缺陷，卻又因原諒自己可以不原諒他人而釀殺機的矛盾現象，很不可思議，也難以偵察得到。

比較好理解的是，不滿別人甚過不滿自己的那種情況。如有個叫雪曼的青年，年少時壞事做絕，後來改過向上了，卻在一次被搶劫中差點崩潰，嘴裏不斷嚷著：「上帝怎麼容許這種事情發生？」最後經由哲學諮商師提供「應該負責任的是那批搶匪」的解答而救了他。

類似的例子，是《心靈捕手》影片中男主角威爾，他也在一連串的叛逆行為後，聽見心理學教授一句「不是你的錯」而從此正常起來。

然而，「不是你的錯」所意味的「都是別人的錯」的怪罪他人的心理，也跟前者一樣容易壞事。就像雪曼和威爾已經「搞糟過一次」，在他們知道「自己不必負責」後，難保不會再行犯案。

因此，想改善這兩種病症，就勢必從滿意自己也滿意別人入手，此外似乎沒有更好的辦法。

13 嫉妒

手足爭寵，男女爭愛、鬧人爭氣、才子爭名，都會因為嫉妒而讓該爭加碼，從暗轉明，再從明轉暗，循環往復，永遠像一注泉水潛伏、流淌在人心的一角。

從另一個角度看，嫉妒所激發人的「競相表現」心理，是促成社會進化的原動力。因此，歷來所謂的政治家、宗教家、科學家、藝術家和文學家，所以能夠源源不絕的展露他們改革創新世界的願力，也就是嫉妒有比他們強的人在前面立下典範的緣故。

這樣說來，嫉妒的陰面性質，也就有它的正面價值。從此俗諺所說的「輸人不輸陣，輸陣歹看面」，用來激勵自己不落人後就「正逢其時」；而「如果從未有人嫉妒你，這代表你的一生尚未創造出任何堪稱輝煌的豐功偉業」這一古希臘政治家米斯托克利所點出的信息，藉為自我慰藉，也頗能從「知所奮起」中再度的昇華。

後面這點，有古語「不遭人嫉是庸才」的味道，可以引為確保一種「努力的品質」不被褻瀆的良方。

換句話說，只要有人嫉妒你，就表示你的成就已經到了令人眼紅的地步，這時別人的嫉妒你就得「照單全收」而又不會壞了自己繼續前進的心情。

我們眼前的世界，在相當程度上是由嫉妒所創造成的，以至有關嫉妒的質地也就可以再為它「管控一番」，避免像邱吉爾所譴責的「民主只是大多數的白痴來排擠天才的合法程序」事件氾濫成災，因為那樣世界只會倒退而不可能前進。

14 來點溫情

每天出門，最不習慣的一件事，就是到處都有監視器，而真正監看你的人全躲在後面。這還不要緊，比較弔詭的是，有時還會看到「監視錄影中，請微笑」這樣的告示牌。被監看還要對監看的人微笑，不曉得這是誰出的餿主意，恐怕只有呆瓜才會如你所願！

現代社會中，人和人的疏離，就是大家都多了一隻電眼，不斷地搜尋、窺探和懷疑，讓原該有的溫情和信賴冰凍著無法發用，結果是「隨時在防備別人，也被別人防備」，而一直開朗不起來。

也因為相互防備慣了，所以彼此的不信賴會轉變成目中無人的自大狂。專欄作家范布倫說：「世界上有兩種人：第一種人走進房間時會說『你來啦！』第二種人走進房間時會說『我來了！』」當中第一種人已經越來越少了，剩下的第二

種人就連他們自己也永遠想不透為什麼會這樣的不通人情！

這有相當程度是科技發達取代了人的自主性所造成的。也就是說，一切都硬梆梆的過活，才能確保人那一點僅剩的「外掛」的氣息。因此，當所有相互監看的機器競出後，人就會更加無所適從，完全不知道要怎樣扮演一個活物。

尼采說：「世界上最悲哀的動物發明了笑。」如果說笑是人這種悲哀的動物發明的，那麼不笑的人又如何？他們不就更不入流了嗎？因為他們連笑都不會。這麼一來，把笑召回來在人際互動中孕育溫情，也就成了反科技宰制的唯一途徑，畢竟那要比電眼的「要脅」必要和實在些。

15 新和諧方案

「競爭才能確保存在的優勢」，這幾乎已經是現代人最牢記的座右銘。它暗示的是不能輸給人、不能被人爬到頭上等道理，也很強力的主導大家行事的方向。只是這種帶著殺伐氣的競爭，無法保證自己也能活得安心。

人有處事和遷善的本事，應該是最懂得「如何合羣」以為共創美好生活的；但當場域中的權益出現「僧多粥少」的情況，很快的卻又會引發爭奪而讓人性蕩然無存。顯然這罪過是人自己惹來的，沒有理由推卸給時代風氣或生存窘困。

有個故事提到：一位老太太在河邊準備救一隻載浮載沉的蠍子，旁人看了都替她捏把冷汗，直勸她：「蠍子會螫人，別救牠了。」但她並未收手，還是盡力把蠍子救上岸。結果蠍子才一上岸，就往她手指猛螫了一口。而就在別人的訕笑聲中，老太太說話了：「我不能因為蠍子會螫人，就改變我可以去救牠的本性啊！」這說得真好，將它放在前面的情境，我們也可以說：不能因為看到世道沉淪，就一併連我們能慮事和遷善這一高貴的人性也拋棄呀！

把高貴的人性召喚回來，而不是繼續勸人去衝刺以適應錯綜複雜的環境，這才是和諧人際關係以為穩定進取的新方案。換句話說，沒有和諧的人際關係，我們的生活也不會有「安穩幸福」的保障，因為別人的窺伺和搶奪永遠都會在旁邊威脅著；而要和諧人際關係，就得改變多攬權益的心態而為「少得多給」，才可能被人信賴而願意跟你融洽相處。

16 螃蟹效應

抓螃蟹的人都有一種經驗：放進簍子裏的螃蟹只要有一隻想往外爬，立刻會

被其他螃蟹拉下來，最後所有的螃蟹都自行乖乖的呆著不動。這用來比喻人遭團體壓抑或才華被社會埋沒，就叫做「螃蟹效應」。

螃蟹效應最明顯的特徵是，不准有人凸出。一些平凡大眾，自己缺乏本事，也不肯努力，但卻能一天到晚阻止別人出鋒頭。他們一旦結成團體，就會形成保守勢力；而相沿成習，那股勢力又會自然升格為「傳統」。因此，傳統就是黑壓壓堆了一羣螃蟹而不敢有所作為的代稱。

馬可吐溫曾經批評過舊的傳統勢力說：「這種舊習慣，就好比是最堅硬的青銅、鐵和花崗岩一樣。」他一定見識到了簍子裏螃蟹的困境和可怖！誰要是不幸落入那個無緣攀爬的地方，就只好被牢牢的纏住，休想重見天日！

此外，螃蟹效應在相對上也是進步的絆腳石。因為大多數人沒有能力搶先，又不讓有能力的人去衝刺，整個團體就缺少機會創新，致使內在制度僵化而對外迎接挑戰的機能全無。到頭來，大家互看都像極了被制約過的螃蟹，一個模樣的在那邊吐沫，卻一點爬出簍外的動力也沒有。

其實，要當一隻自由且可以施展才能的螃蟹，也不是不可能。只要你不貪食而被捕捉，就可以擁有廣闊的天地；而只要你繼續在沼澤或水域四處活動，製造驚奇，也一定可以活出精采的一生

17 新分享觀

把多餘的東西跟他人分享，這是一般人都可以做到的，而它所含有的「己所欲而施於人」的道德表現，也很受讚賞，經常要把它奉為人倫的金科玉律。

這很明顯比一些吝嗇成性的人可愛；而社會也會因為多了這種額外的施捨而溫馨起來。只是分享多餘的東西，對當事人來說僅是將他自己比較用不到或累贅的部分釋出而已，原則上並沒有損失什麼。因此，要說「情操」，這還不足以高給。

換個角度看，你有多餘的東西分享給別人，表示你比別人多攢了；而這種多攢不論來源有沒有問題，它至少給人「你有我無」的卑微感，最後即使勉強收受了，也會覺得「老是矮人一截」。這麼一來，分享多餘的東西給他人就不是很值得鼓勵，因為它在施捨時也增加了他人的愧疚壓力。

那麼有比這種作法更值得稱讚的嗎？有，就是「不要把福份享盡，不要把權力用盡」。這種分享福份或分享權力的分享觀，才真正可以做到「不留後遺症」而予人「欣然接受」的地步。換句話說，一般分享多餘的東西，所徵候的是當事人多享福份或多享權力才有那個能耐；而直接將福份或權力分享出去，方有實質的功效。

經營家帕森斯說：「談判桌上，給別人留點餘地。」這用來印證上述的新分享觀，再貼切也不過了。它雖然有點難度，但不往這條路走，人間的「福份或權力之爭」將永無了時。

18 對聯式的涵養

塞內加爾女作家法勒所著《乞丐的罷工》小說，寫道：沒有乞丐，這個世界會大亂！因為大人物的慈善沒地方作秀、貴婦人的愛心沒機會施捨、政客的良心也無法救贖……等，這真是戲謔兼諷刺味道十足的說法！而書中有一句命人找乞丐的對白更是傳神：「快去給我找回來，去鄉下撒錢都行；不然，我怎麼當上副總統？」

沒有乞丐的社會，未必會像作者所想像的那樣；它也可能是大家均富，天下太平。但在目前財富仍集中在少數人手裏，要乞丐消失是不可能的事。因此，從乞丐的角度來想，他們的存在還真有「社會價值」。

這種凡是從相對的立場去思考，久了就會累積成一種具彈性的修養，可以在處世上比別人多一點「不被表相蒙蔽」的本領。而這跟我們傳統的對聯思維很相似。

對聯，形式上講究的是詞性和平仄相對，內容上則強調意境的互映或互補。如「無可奈何花落去，似曾相識燕歸來」、「受盡天下百官氣，養就胸中一甌春」等，都具有這種特色。而這跟人的思想行動相連結，立刻就顯出迴環相即的處事周詳和寬容悲憫性，足以展現異於常人的高格調的涵養。

可見對聯所體現的「相對式真理」觀念，很可以據為修養自己；而它和乞丐罷工的連類互比後，還能進一步促使我們領悟不斷「給生命從新開眼」的道理，因為我們的存在本來就像一張網絡，視野永遠不宜受到片面的侷限。

19 行善原則

幾年前，有大陸富商陳光標來臺撒錢濟貧，此地的媒體褒貶兩見。褒的是像他這樣只要有人攔路求助就給錢，在臺灣還沒見到有錢人這麼慷慨大方；貶的是他沽名釣譽且操弄民心，讓那些只想過生活而不在意面子的人突然間都賠上了尊嚴。

這裏顯然又發生了一個「行善該當如何」的問題。行善向來都是兩面刃：一

面可以幫人劈開阻擋去路的荊棘；一面則又偷偷的斬絕人性中那要保守的顏面。古代齊國大饑荒中，那位不接受黔敖「嗟來食」而甘願餓死的男子，所在意的就是那一點顏面不容受損，但有些行善者卻不會察覺到這背面刃的殺傷力！

依照佛教的說法，行善施作有「財施」、「法施」和「無畏施」的差別。當中法施和無畏施，以啟導別人自渡和無所畏懼，遠比財施只給對方金錢高明；更何況如果一味給人金錢，而不思如何幫他自立，只會增長他的貪念，終究不是一件好事。此外，對行善者來說，刻意去施捨金錢，也沒有什麼大智慧可以讚賞。就像當年梁武帝想藉造寺、渡僧、寫經等事，向菩提達摩邀譽，而被對方否定說「全無功德」一樣，因為那些事距離讓人「無執」解脫的道路還很遙遠。

因此，行善如果有必要，那麼它也該有個原則。這個原則，就是「忘了自己是在行善」，以及不給對方有「受你施捨」的心理負擔；否則行善就會被廉價化，而徒增人間的另一種紛擾。

20 反滑坡

很多人都有溜滑梯或在山坡滾草球的經驗，但卻不知道這遊戲已經被賦予倫理或法律意涵，叫做「滑坡效應」。

滑坡效應是說，只要准許一件事存在，就無法禁止第二件、第三件，以至無數件同類事情的發生。就像在滑梯上，後面的人推了前面的人一把，前面的人就會把更前面的人統統往前推，造成大家都滑落的後果。而在山坡上滾草球也一樣，一顆滾動的草球會把其他草球順勢都推下山。

這在倫理或法律上，就成了如果不禁止謾罵、打架和偷竊等行為，那麼這些行為就很容易受到鼓勵而重複出現，釀成極大的社會脫序和人心不安。同樣的，現實中有一部分人攢了錢後大肆揮霍，很快的就會有其他人起而效尤，到處鑽營且花錢毫不眨眼，導致大家競相耗用資源的滑坡效應。

有趣的是，不長進的人聚在一起，也會出現滑坡現象。正如有一本《拒絕混蛋守則》書裏所說的：「混蛋會像兔子一樣大量繁殖。」這種繁殖，就是一個推一個「往下沉淪」的結果。

如果不想自己成為混蛋一族，那麼就要反滑坡，自愛自重且力爭上游，自然就能遠離滑坡邊緣。相同的，倘若不想增加世間的「倫理負擔」或「法律壓力」，那麼就得簡樸過生活，以及不跟他人起言行上的衝突，滑坡恐怖也會自動終止。

21 社交恐懼症

天災和人禍，是人會感到恐懼的兩大來源；但因為它們不是經常性的，所以在實際發生前，人就可能暫時忘掉它們。然而，這並不表示在那個空檔，大家就沒有什麼可恐懼的。

根據一項調查，人恐懼的事可多呢！像恐懼站在高處、恐懼蜘蛛和蛇、恐懼大眾運輸、恐懼親密行為、恐懼人羣、恐懼作出承諾和恐懼公開演講或在他人面前吃東西等，不可勝數。尤其是末項，被譚瑟《網路行為的關鍵報告》一書定位為「社交恐懼症」而大談特談，好像它是現代人不適應現實生活的一個明證。

相對的，人有恐懼心理，就會有提供化解該心理的諮商服務，於是網路上就出現了許多標榜「怎麼……」的言語藥方。問題是，像社交恐懼症這類心理反應，本質上是當事人缺少本事，也沒有什麼權力欲望，甚至有不喜歡他人的「潔癖」傾向，而跟他在潛意識裏「逃避」跟他人互動沒有必然關係。

換句話說，社交恐懼症是一種自主行為，不是別人可以治療得了，也不是自我迷糊、輕率去找解藥可以緩和的。

這麼一來，社交恐懼症如果有積極意義，那麼就是它能促使我們自我省察：要不要儲備本事和調整權力欲望以及繼續維持潔癖等。只有把這些問題想清楚了，我們才能決定下一次是否要恐懼社交活動而讓它變成一種改變生命向度的力量。

22 終結馬太效應

西方一神教有個「馬太效應」：「凡是有的，還要加給他，叫他有餘；而沒有的，連他所有的也要奪過來。」這原是信仰造物主的人的一種憂患意識，如今卻演變成普世的競爭法則。

好比在我們的社會中，常常把資源挹注給「有希望」的人，而看來「沒有希望」的人就會被迫轉型或改向依附，連公平競爭的機會都要加以剝奪，這不就呼應了那令人惶惶不可終日的馬太效應麼！

可見馬太效應的強驗處，必然是爭搶權益的暗潮洶湧以及和諧秩序的破壞殆盡！因為人人都想凌越別人，以取得極大化的好處；至於所有機會幾乎都被掠去的人，只好委屈或苦撐度日。

從另一面來看，這是把達爾文的「適者生存」的生物演變規律，轉來體現在人類社會，而忽略了人有仁慈心和淳善欲求。後者是人可以有所區別於其他動物的地方，但卻已經遭到上述競爭法則的染汙，世界不再是想像中的可愛！

很顯然的，我們不會渴望這種無助於安居的社會環境，畢竟所有僥倖獲得眼前利益的人，也難保不會在未來「形勢逆轉」而淪落到一無所有的下場！因此，終結馬太效應，就成了大家所該關心的一件大事。

這具體的作法是，小自學校，大至政府，即使無法將有限的資源作徹底的平均分配，也應該留到最「急切需要」時才釋出；而我們自己可能要改以「付出」來淡薄「求取」的欲念，然後人格才得以保全。

23 小心號手

《伊索寓言》中記載：一個號兵被敵人捉住了，大叫道：「各位，請別殺我！我除了吹喇叭，什麼事也沒有做，更沒有殺人。」於是敵人說：「就因為這樣，你才非死不可；你雖然不打仗，但你會叫大家來打仗。」

這則故事，無非是在寄寓讀者應一起來譴責撥弄是非或媒孽致禍的人。而再深一層看，裏面還隱藏有「這個世界所以會紛亂，全因少數有野心的人所引起」的世界觀，以及「看不見的權謀是暴力美學中最炫惑人的一個環節」的集體潛意識。因此，「小心號手」就成了倫理道德上的重要課題。

在現實中所以要小心號手，是因為號手都隱身在背後，他策畫毀滅別人的行動；而被威脅的人卻始終曝露在他的陰謀操控下，彼此是在進行一種「非公平的戰鬥」。

更可議的是，號手在鼓動同僚去攻擊別人時，他是唯一遇到戰鬥失利時有機會先行逃跑的人。因此，他在雙方的角色中都具有負面性。

此外，當號手知道聯合號手來「壯大聲勢」或「強促出擊」時，他的恐怖性就會極致化。而這多半是指那些多數隨人鼓譟，叫別人去「衝鋒陷陣」或「痛擊對手」的人。

好比《蒼蠅王》電影中，幾個小孩持棍擊斃一位報信者的情況，就是受到其他圍觀小孩的尖叫蠱惑。這羣「號手」雖然陰謀力分散，但表現出來的殘暴一樣驚人。

由此可見，我們想求得人際的和諧，除了小心號手在旁邊伺機蠢動，還得避免無意中當了大號手的幫兇。

24 加法與減法

通常人大多是以加法對待自己，而以減法看待別人。好比提到自己時，無不拚命往臉上貼金，一一細數自己的豐功偉業；而提到別人時，則酸溜溜的把那個人的缺點或不名譽事統統曝光，儼然是自己的好可以無限疊加，而別人的好則要等到減剩後才出現。

古語有所謂人都「不知其苗之碩，不知其子之惡」，可以用來印證這種加減法態度的差異。「不知其苗之碩」，表面上是在嫌自己的秧苗長得不如別人的結實，實際上則是駭怕別人覬覦，故意拿別人的差勁來掩飾自己的強甚，還是暗中把別人貶損了一頓。至於「不知其子之惡」，則是用加法對待自己小孩，總覺得他好處多多，為什麼別人看不見？其實自己的小孩有很多缺點。

用減法看待別人，不但離「己欲立而立人，己欲達而達人」的崇高道德境界甚遠，連「各人自掃門前雪，莫管他人瓦上霜」的自制收斂的泛泛情操也難以企及。換句話說，「只管好自己而不在意別人怎麼樣」還是好的，但平素所見的卻不是這樣，總要相互詆毀而把對方減到剩下一層皮，才會甘願！

相對的，會用加法對待自己的人，就是在用盡減法看待別人後一併成形的；它所加給自己的，正是減去別人的那一部分。結果加法和減法的人生態度，就是為一己的生存而養成的，對這個社會似乎沒有什麼幫助。如果要改善這種情況，就得對己對人都用加法，一起成長而找尋出路。

25 自由的公式

大體上，我們每個人的自由是很有限的，不但跑不快、爬不高、游不久，而且還不會飛，想來都困頓極了。雖然可以藉助工具來改善，但那只是短暫的解放，時間過了又回復高度不自由的狀態。

然而，我們又亟欲獲得自由以為克服境限，因為那對有理想、有抱負的我們來說是莫大的快悅，也是最感榮光的一件事。西方人有所謂「不自由，毋寧死」，大概就是唯恐得不到這種快悅和榮光所孳生的激切言詞！

此外，有些名人、政客、影視歌星、宗教家，受名、受利、受神聖情懷的制約，也沒有什麼自由；他們唯一可以感到欣慰的是，財富和權力擁有的比別人多，或許那是他們想要的另一種自由。

不論如何，活在這個世界上已經沒有絕對的自由；倘若對它還有點渴望，那麼就得從別的角度去想。這總歸一句是，擺脫有礙清心的執著。如果做得到，表

面上我們肉體還在重重的牢籠中，但實際上心靈因為有了「隨時去執」的準備，早已在自由的國度翱翔了。

相傳春秋時代，楚王外出打獵，遺失了一把名貴的弓，正當臣子們著急得四處尋找時，楚王說話了：「不打緊，反正也是楚國人撿去！」這話傳到孔子耳裏，孔子不以為然：「說人撿去就行了，何必加一個楚字？」老子得知後加了意見：「連人也不必強調吧！」是啊，我們所以不自由，不就像這樣對某些東西念念不忘？因此，這裏就有一個自由的公式存在：放下讓你不自由的事，你就自由了。

卷 七

酷品味

美是最讓人動容和迷戀的。就像麥克奈爾《臉》一書所說的：「從蘇格拉底到偵探小說家錢德勒筆下的惡棍，每個人都為美而心折 ……全世界的人都在追求美的魔力。美一直是道讓人屏息的謎，它的光影奪目，讓許多藝術家痴狂。」

卷七　酷品味

1 醜

原則上，缺少美的東西都是醜的。而醜在相對美發露的過程中，會因匱乏性的突兀而讓人不太能忍受。正如雕刻家羅丹所說「美就是感覺活著」一語所隱含的：醜就是沒感覺活著，這如何使人喜歡？

這樣看待醜，頗足夠我們思考「進取之道」，而不會停留在自我僵化生命或死氣沉沉不知奮起的階段。但事情似乎不是這麼容易就可以混過去！也就是說，醜和美的對比，並不如一般人想像的那樣不可跨越，太早兩極化總不是件好事。

好比特別有價值的體現於藝術裏的美，就不是任何定見形成後所可以將它框住而不再有異時的變化。所謂「所有有深度的原創性藝術，最初都會被視為是醜的」、「新藝術在未被視為美之前，都會被看作是醜的」這一分別為藝評家柏格和文評家傅萊所堅持的美醜消長觀，不就透露了現實中有許多見異思遷的例子麼！

的確，美醜遇上人的嗜好，有時真的難以釐清這當中究竟有什麼權衡機制在起作用。就像大家普遍覺得九一一紐約世貿中心遭恐怖攻擊醜極了，但作曲家史托克豪森卻稱讚它是「史上最偉大的藝術作品」，一點也不苟同俗見，直令人大費思議。

如果我們無法保證一直維持一種信念，那麼就得對醜多留點敬意，也許那天它會咕咚一聲變出美來；不然也會有「醜得有點美」或「美得有點醜」的另一種感覺產生。

2 基進

早期，比較有自覺的人會對自己的生命嚴加控管，像蘇格拉底就說「沒有經過反省的生命是不值得活的」；而現在，則要再加些新潮的調味料，人生才有充實感。

這總說叫做「基進」（radical）。基進是突破舊規範或舊思維的最新用詞。凡是不以既成的一切為滿足，盡力去找新的出路，都帶有基進性；而養成這個習慣，也會因為前景燦爛可期，以至人生就滿是亮彩。

好比梭羅所提到的「作為一名旅人，不需要離鄉背井」，這相對於要離鄉背井才叫旅行的人來說，觀念就基進得讓人驚喜不置，畢竟它所暗示的改為探索人的內在世界，要比到外地去走馬看花來得有質感和豐盈性。

又好比愛因斯坦所點出的「假如起初一個觀念看起來毫不荒謬，則這個觀念是沒有希望的」，這相對於一開始就想贏得眾人讚賞的觀念訴求來說，想法也基進得令人拍案叫絕。試想「一味追求成功，只會迷失自己」和「只要可以換算為錢的，沒有一樣是安全的」這些分別為前英特爾總裁葛洛夫和環保大師穆爾的名言，不就表面看似荒謬而實則真實管用得很呢！它們的基進說法，應該會比其他泛泛的言論給人更多的啟發。

以上還只是在觀念層次發揮功能，如果再進一步涉及行動，那麼它衝撞僵化的體制，也一定會有鳴鐘或吹號式的迴響，而為這個世界帶來「推移變遷」或「修飾改造」的激勵效果。

3 第二遍效應

同樣的話講第二遍，會開始變味；如果再講到第三遍，那可能就要醱酵了，聽的人一定會「避之唯恐不及」！這也就是人的耳朵不耐嘮叨的明證。

為什麼話說第二遍是人聽覺的臨界點？這可能是人「喜新厭舊」的緣故。不然就是像作家王爾德所說的「相信是非常無趣的，懷疑則極為吸引人」，誰會相信你話一講再講是必要的？倒不如懷疑你還沒講的部分來得有趣。

其實，有些成語如「耳聰目明」、「察言觀色」、「見微知著」等，無非就是在警告人：別等對方說第二遍話來「愚弄」你或「羞辱」你。因為凡是需要人家給你講第二遍，表示你在接收信息上頗為遲鈍，不被看輕才怪。

既然人普遍不想講第二遍和聽第二遍，那麼有什麼對策可以避免這「第二遍效應」？這大概要透過「自我優著」的途徑來因應。也就是說，只要你知識齊備，就不需要等著聽別人講第二遍，自然別人也沒有機會對你講兩遍了；同樣的，你已經齊備知識了，也會想到對人講第二遍無益，所以就省著別無謂浪費。

有人說，笑話和讚美不能講第二遍。因為笑話講第二遍就不好笑，而讚美講第二遍會變質，在機伶人聽來總是痲渣難忍！事實上這只是其中一端；另一端是所有知識性的東西都忌諱第二遍效應，除非你駑鈍兼厚臉皮的想迎接它。

4 逆向創意

一般談創造，都忽略了那是有神論專許給造物主的，特指造物主從空無中造成事物；但等到它被轉用為人使某些事物中產生一種原來沒有的新東西的行動

後，創造一詞就變質了。

原因是人所造物，包括材料、構思和組合程序等都有所本，而無法憑空創新；跟造物那被想像的「無中生有」不可同日而語。這樣人要再使用創造一詞，就只能是帶「創意」性的，僅僅為接近造物主的部分能耐。

這一部分，向來有水平思考和逆向思考可以撐起創意的架構。當中水平思考，被視為像在挖水井，發現某處顯然已經挖不到水了，就得趕快換地方挖；否則執意挖下去，就會陷人垂直思考不得脫身的窘況！好比有雜誌社業務員在身上灑臭鼬水而很快就收到貨款，有戰鬥機飛行員用尿液代替漏盡的發動機水而安然的把飛機開回基地等，都是水平思考帶有創意的好例子。但這可能都沒有逆向思考來得可觀。

逆向思考的創意，是往反方向去做而顯現的。例如有人開便當店叫「黑店」、經營餐館招牌菜叫「最糟菜」或「隔夜菜」、賣「梳子」給出家人（經加持可以轉賣給信徒）、做「立體」式的壁報和寫復仇故事結尾復仇者反被「收服」等，都是典型的例子。

信奉造物主的人，也許會把一切有創意的事都歸諸對造物主的仿效，像十八世紀科學家利克登堡就說過「做相反的，也是一種抄襲」。這當然是過度獨斷；

試想如果沒有上述那些創意表現，那麼世間將會多麼單調呢！

5 耽戀一次美

在舉世所追求的真善美聖等價值中，美是最讓人動容和迷戀的。就像麥克奈爾《臉》一書所說的：「從蘇格拉底到偵探小說家錢德勒筆下的惡棍，每個人都為美而心折……全世界的人都在追求美的魔力。美一直是道讓人屏息的謎，它的光影奪目，讓許多藝術家痴狂。」

想當年杜甫看公孫大娘虎虎生風的舞劍、白居易聽琵琶女嘈嘈切切的彈琴、蘇軾看見急浪高翻的錢塘潮和劉鶚偶逢說書人千折百回的歌聲等，很難不判定他們正是為眼前的各種優雅、悲壯、崇高的美感所懾服；而他們隨後創作的詩歌、小說，也在流傳的過程中不斷跟讀者相遇而一起靈動高華起來。

這都是沉醉於美的結果。只要有一次的經驗，生命就會從現實環境窘迫的縫隙中飛升；而再回過身來俯瞰廣袤大地時，我們勢必會得到靈性出塵的洗禮。

事實上，這種情況不只會發生在人身上。有人就曾觀察到非洲草原裏，一隻猩猩捧著木瓜正要返回樹叢，突然瞥見天邊的落日暈染滿溢的彩霞，牠愣在

原地足足有十五分鐘，那顆木瓜早已從手中滑落了；直到天邊的光芒減退，牠才繼續動身而沒有撿起地上的木瓜。

可見耽戀一次美的東西，我們就有可能從新感覺「偷聽到自己醒來」和想寄給喜愛的人「一個紫羅蘭色的記憶」。人生能不能因此而擺脫俗務的纏擾折磨，就在這一覷見唯美的悸動後自我廣開彩繪心門而成為美的化身中。

6 詩性的懷疑

求知，就像在湍流中泛舟，如果衝不破沿途的險阻而翻覆了，那麼不但到不了終點，還可能從此打消再行歷險的念頭。這是一個攸關生死榮辱的挑戰：贏了，你會活得有尊嚴；輸了，你會羞得不如從地球上消失。

但話說回來，求知也不見得到處都是坎陷，它還有一些妙招，可以克服求不得的困擾。比如「迂迴前進」，把遇到的難題，用間接考索推測的方式予以解決；或者「騰空想見」，將前景預先設想清楚，而後穩著加以演繹，多少都能夠發揮化險為夷的功效。

不過，最可觀的對策，還要數「詩性的懷疑」。它是一種高度想像力的運

作：當別人還在爭論「先有雞還是先有蛋」的問題時，你能夠起疑而想及「雞和蛋不是誰先誰後而是同時存在」，這樣你就會從一個系統跨進另一個系統，而成了先知；而當別人仍然死抓住「語言」或「定義」一定有客觀性時，你可以不信而轉念悟到那些相關語言的意義或定義的是非都是「人所賦予」的，這樣你也會立刻站上制高點而覺得自己不斷巨大起來。

愛因斯坦所說的「想像力比智商重要」，大概就是指這種情況。它是創造力的源頭，也是一切知識有效再生產的憑藉。因此，只要我們懂得運用這一「凌空越海」的懷疑透視能力，求知路上就會減少許多風險。

7 成名五分鐘

人活著離不開名和利的追求。有時候對名的渴望甚至強過對利的渴望，因為名畢竟比利難得，而有了名後往往利也會「隨之而來」。因此，名就成了人一生最大的焦慮所在。

從名的可販售性及其邊際效益角度來看，成名會伴隨著「抽象的滿足」和「逞意的快感」，使得原先相關的心理掙扎很容易獲得紓解。

好比有人撿到一張購物單，會欣喜若狂，因為那是莎士比亞的；而有人也可以弔詭或誇張的表示「這世上最難懂的莫過於所得稅表」，因為說話的人正是愛因斯坦。想成名的人，難道不是也想留張購物單讓人驚喜和有機會信口開合的嗎？

然而，世上還是焦灼於成名的多，而真能成名的少；即使是現今傳播媒體發達，可以弘揚聲譽的管道多，也一樣沒有改變這個鐵則。

但成名的欲求依然存在，比如只要有五分鐘秀一下自己，似乎就可以死而無憾！而為著這五分鐘的成名，不知道有多少人學會了在鏡頭前搔首弄姿，以及自我降低智商去迎合一些「淺碟人機」的邀約。

由於時尚已經不太理會「名實相副」的道理，而一般人也沒有耐心體驗艾思奎斯《全美最好的老師》一書所強調的「成功沒有捷徑」的情事，以至伊壁鳩魯說過的話「那為名而不知足的人，即使主宰整個世界也是貧窮可憐的」，就會在耳邊響起，讓人徒增感慨！

8 囧了

晚近，E世代玩家自創的火星文興起，所混合的符號、數字、文字、字母等新字體橫行，不知折煞和困擾了多少還在耽戀舊時美好文字國度的人士。說白一點，火星文對他們來說「一日不除，天下就一日不會太平」！

果真情況有那麼嚴重嗎？火星文所內蘊的創意，E世代的人可很堅持。他們認為在一個凡事常熟化的社會，如果沒有一點新潮來衝擊，那麼將來寫歷史的人一定會咎責他們沒出息、枉生在大好時代，所以他們努力貢獻出了火星文。

其實，造字是一種神聖的工作，也許會「驚天地，泣鬼神」！《淮南子》一書不就記載了黃帝史官倉頡造字時「天雨粟，鬼夜哭」，好一幅壯觀的景象！因此，與其怪罪E世代人旁門左道，不如欣賞他們因焦灼而激發的創思，以及留意跟神秘世界可能的連結。

標題這個「囧」字，就是新近被造來表示「苦悶的臉」，讀作（ㄐㄩㄥˇ）。這是繼火星文後，頗有代表性的一個顏文字；既形象化，又有妙喻的作用。

「你沒看我囧了，還來煩我，小心我糗你，讓你也嚐嚐囧了的滋味！」你看，句中嵌進這個字，不是顯得精神百倍麼！那還需要贅字連篇來形容？

美國個人戶外成長組織創辦人麥納說：「如果你夠幸運，那麼你一生至少會

有一次想出絕妙的好點子。」從火星文到顏文字的創造都不是件容易的事，誰給的靈感也很難知道，但它肯定是「絕妙的好點子」，值得再向其他事物推廣。

9 酷品味

有家出版社的書系廣告中，用了一個斗大的標題「讀哲學是一種酷品味」，看了不禁會心一笑！本來哲學的冷峻和深奧，不是有意和人疏離，就是教人喊苦不迭；現在告訴你接觸哲學就像追求時尚，倏地感覺親切暖和多了。

事實上，哲學的「後設」或「深度」思維性，是無所不在的；只是大家不知道那叫做哲學，也缺少門道去了解或深化它。這樣改採一個「酷品味」來形容哲學給人的幫襯作用，既傳神又能改變大家對它的觀感。

試想「你吃早餐了嗎？」「吃早餐不是絕對必要的吧！」「你的伴跟人家跑了！」「她是她，我是我，她跟人家跑了，那是她的自由，你懂嗎？」「那你借我一千元。」「請你先告訴我『借』是什麼意思！」這類對話中的每一個對問題的哲學式回答，不就有點酷味道嗎？

尼采曾經擔憂「如果我們老是追根究柢，那麼我們就會走向毀滅」，如今看來顯然

是過慮了。正因為我們可以經由涵養而對事物追根究柢，才沒停留在「無知無識」的動物階段；而這哲學思維一旦啟動了，那一超常的酷品味就會流露出來，成為人生極為珍貴的資產。

不過，哲學在一種情況下是行不得的。卡諾斯等著《愛戀智慧》書中，提到一個男子在皎潔的月光下，指著牧場上的牛羣，對他的女伴說：「好怪呀！即使千百年來被人類養肥吃掉，牠們還是那麼不關心自己的未來。」一陣沉寂後，對方突然發起脾氣叫嚷著：「你太哲學了，沒法過現實生活！」可見該浪漫時，還是別隨便耍酷比較好。

10 凸槌

思考或講話一時不靈光，大家習慣稱它為「腦筋打結」或「腦筋秀逗」，甚至還有「腦內塞車」的譬喻；但這些都不及閩南語「凸槌」一語的比況來得精準而巧妙。

凸槌本來是在描述撞球滑桿的現象，轉用於形容思路或言語出岔後，它的語用活力就突然倍增，一直被想「文雅造詞」的人所喜愛。比如「他今天的報告又

凸槌了」、「你這個人有事沒事老是愛凸槌」、「我保證只有看到你時說話才會凸槌」等，這既讓人感受不到語言暴力，又讓人覺得傳神諧趣得很。

雖然如此，凸槌應該顯現更深層次的意義，才有可看性。而這可看性，就是指它經常會逼出人的創意。我們知道，凸槌多半是在人遷怒或講大話或分心或昏懵時發生的；而發生凸槌的當下，也最容易出現帶創見的「異質事物」或「不相干事件」的連結。

且看「愛可能受挫，但愛卻絕對不會錯」（柯依瑟爾語）、「所有事件都是相對的，只有定律是絕對的」（愛因斯坦語）、「大笑是由恐懼引起的」（馮內果語）、「當一個不滿足的蘇格拉底，好過當一隻滿足的豬」（彌爾語）等，這有那一句聽來是合邏輯的？尤其是把蘇格拉底和豬作對比，豈不是要氣煞那些蘇氏的崇拜者？但我們不得不承認，它們都很新穎且耐人尋味。

所謂凸槌如果是指這種情況才有價值，那麼以後我們就得慎重對待了。換句話說，凡是思路不順或言語蹇澀，可能也是我們展現才情的時刻；錯過了，只好平凡到底。

11 給螞蟻擴音器

大家可能都經歷過，小時候常為一些成羣結隊的昆蟲在花叢草堆裏穿梭而著迷，但最後一定會被師長或家長吼退，叫你回去上課或給你貪玩禁令。這種掃興事件著童年，一直到長大我們都還記憶鮮明的在想：如果不是他們攪局，那羣螞蟻一定「把蚱蜢搬進洞裏去了」。

就是因為沒看到螞蟻怎樣將那隻身軀龐大的蚱蜢拖入窄洞，所以才遺憾至今！此外，還有一堆令人不解的事：玩紙牌會被沒收；打陀螺會被丟進毛坑；對風狂叫會被攔去罰站；發呆的看雲會被呵罵，似乎是小孩子就不能擁有自己的世界。結果我們的高昂興致和創新能耐，一寸一寸的斷喪在這一切的喝止聲中。

環境不太允許我們順遂適意的成長時，那只好靠自己金蟬脫殼來尋求出路。換句話說，「身」委屈，「心」不必跟著委屈，我們還是可以透過連結異質事物的聯想力，讓這個世界充滿審美氣息而姑且安居下來。這是說現實世界不論如何的不如人意，我們都可以經由自己的「排遣得宜」，而使它跟著從新甦醒過來。

詩人安吉羅曾經有感而發的建議世人：「如果你不喜歡某件事，就去改變它；如果你不能改變它，那就改變你的態度，不要埋怨。」這一「不要埋怨」所以可能，有絕大成分是人的詩思靈動而忘了自己正困在繭縛中。

因此，試試下次見到螞蟻在「交頭接耳」時，立刻興起給牠們擴音器的聯想，看這個世界會不會發出笑聲。

12 手機物語

繼報紙、廣播、電視和網際網路之後，手機因為除了通訊、拍照外還可以上網，已經躍升為第五媒體；它的商機逐漸要凌駕其他媒體，而成為新時代的寵兒。只是有關它「貧富通吃」而強迫人手一機後，一些淒黯的故事也悄悄上場了。

首先，患「自語症」的人越來越多。這種自語症，不僅是在路上、車上和各種公共場所都可以看到他們對著機器喃喃自語兼傻笑，而且連空中飛竄的電波也莫名嗡嗡的轉成他們嘴上的頻率，讓失禁的話語偷跑。

其次，手機的自拍和他拍功能，所捕捉到的經常還有「不速之客」；而我們也無處躲閃那些隨時在偷窺你的鏡頭。結果一場瘋狂的監攝行動從此蔓延開來，大家都在製造一種「無謂的驚喜」！

再次，只要有手機在，就不會感受到現場專心的互動，彼端「虛擬的存在」

永遠要優先涉入干擾談話的進行。「抱歉，我先接聽一下……」這句像咒語般的插播，早已搔著我們脆弱的神經，忘了要控制氣悶。

英國改革家兼記者柯貝特把火藥和紙幣稱為「人類腦袋在惡魔影響下而想出的最該死的兩樣發明」。那麼手機？它鐵定不是上帝應許的勝利品！誰想要它有「光明」或「好聽」一點的故事，就得自己來編。換句話說，別急著開機，先療癒前面的三種弊病，再決定動向。

13 偏嗜的美感

一般人習慣把事物二分，說「你是好人，他是壞人」、「這是美的，那是醜的」、「正向思考是對的，反向思考是錯的」，結果錯失了很多可以彈性調適的機會。好比愛美愛到極致的人，可能會像詩人查拉那樣「我有一股既瘋狂又崇高的欲望，想要把美給宰了」，你能說他那反向衝動是錯的嗎？

正因為在二元對立思考模式外，還有無止限的認知取向，才保障了每個人易動選擇的自由。這種自由，使我們看事物會多出另一隻眼。所謂「怪物是美的，因為牠們是上帝的造物」，這一句奧古斯丁的名言，就是西方創造觀型文化在背

後支持而可能的，只要稍微契入就可以有同情的理解。

這麼一來，人間社會所出現的異食、異好、異裝、異行等偏嗜，也就無異在考驗我們對待的能耐。通得過考驗的，就會升格變成深具包容力和知所製造差異來創新的人；通不過考驗的，只好停在原地作思慮上的「困獸之鬥」。正如劇作家王爾德所說的：「如果一個人專心去思考行為中何者是對的、何者是錯的，那就表示他的智力發展受到阻礙。」顯然這是給通不過考驗的人最好的形容詞。

平常所見人的忙碌，大多是為了競爭權勢、追求愛情和攢積財富，以至另一股偏嗜的潛勢力就遭到漠視，甚至還會被壓抑。這樣緣偏嗜而來的雙重的悲壯美感，也就難得有人知道怎麼去觀照：那裏面有異常的努力和趨新的膽識，恰好對比著自詡為正常人的庸碌白活；而前者的「能」和後者的「不能」，都帶有悲劇性。

14 笑的學問

苦多樂少，是人生的常態；而樂的極致所伴隨的笑，則更為難得，大概次數都數得出來。也因為笑如同珍品，所以有關笑的質地，也就可以為它建構成一門學問。

這門學問，首重笑的「真誠」性。也就是真正開心的笑，會牽動眼尾紋和促成鼻翼邊的溝陷；如果這二者都沒出現，那麼就可以判定那笑是假笑。而根據這一點來看達文西的名作《蒙娜麗莎》，畫中美人的微笑顯然不夠實在，難怪有人懷疑她患了紅斑性狼瘡 類的自體免疫病，才笑得有點牽強。

其次，真誠的笑是有「節奏」性的。也就是一次完成剛好四拍（西方人的語言沒有聲調限制，可以到五拍）；不到四拍的是假笑，超過四拍的會跟智商成反比。有句廣東諺語說：「當一個人笑的時候，腹部不動，就要提防他了。」笑不足四拍是不會顫動到腹部的，這樣面露笑容的人鐵定心懷鬼胎。

最後，笑得「應時應機」。也就是笑要在恰當的時刻展露；太早笑或太晚笑，都有失笑的格調和價值。有人說：「最後笑的那個人，多半沒聽懂笑話。」這還是好的；如果你聽懂了而不笑，對方會以為你沒聽懂而一直重複講那個笑話，那就糟了！可見笑真的要及時。

由上述三點所構成笑的學問，應用在自處和應世，理當很有看頭；而想發展識人學的人，也可以依它來區別冷笑、苦笑、奸笑、嘲笑、痴笑和狂笑等，那些都不是真笑，不妨小心面對。

15 吃書

世界上無奇不有，吃泥土、嚼刀片、吞毒蛇、喝核廢料溶液等，都大有人在；當然還有人會吃書。

據說有個會吃書的人，在前後十二年中，每天定食定量吃一本書。不知道她都吃些什麼書，在吃前是否也曾看它一看？

相傳古代有類似的例子，但那是為了增長知識，相信把有份量的著作逐頁的嚼碎吞下去，智慧很快就會冒長出來。好比有人喜歡杜甫詩，專取他的傑作抄妥焚化和水飲盡，不久就能寫出一模一樣的詩。

這些行徑看來荒誕怪異，卻頗情有可憫，畢竟他們都是另類的愛書人。根據經驗，人一旦愛書成痴，很容易幻想將整本書當佳餚享用，「吃」完後齒頰還留有餘香。這跟前者相比，距離其實不會太遠。

全世界大概數英國人最愛書，每年出版量超過十萬種，是美國的三倍；幾乎在全國近六千萬人口中，每五百人就可以製造出一種新書來。書出得多，自然也反映了該國愛讀書的人多。而上述那位每天吃一本書的女士，恰巧是英國人。

這不是要矯造一種「吃書也是愛讀書」的邏輯，而是想藉機指出一點：沒有吃書的衝動，就不會大量讀書；而不會大量讀書，就無法培養大格局、大氣魄的

人才，整個國家的文化競爭力也無從提升。因此，即使是真的去啃一本書，也總比連書都無暇一顧的人要有可愛處。

16 為他人閱讀

一般人缺乏閱讀的欲望和動力，都是根源於不知道「閱讀不是為自己而是為他人」的道理。如果閱讀只是為自己，那麼這只是為一個人，當然不如為他人可以遍及很多人有吸引力；何況當自己沒有閱讀需求時，勉強自己去閱讀，自然成了一件苦差事。

反觀為他人閱讀就不同了。我們可能是要從別人那裏謀取利益，或是要對別人樹立權威，或是要給別人行使教化，那所需一定很深、很多樣，直到我們完全沒有了支取或支配的欲望為止。所謂「讀書使得我們能夠過別人的生活」這一思想家布呂因的說詞，還是消極了一點，它應該是「讀書使得我們能影響別人的生活」。

由於閱讀有為了別人的出口，所以我們才能忍受閱讀的種種凌礫的折磨。包括孟德斯鳩所說的「只要讀書一個小時，我就從來沒有過無法驅除的煩惱」和福

樓拜所說的「承受人生的唯一方式是沉溺於文學，如同無休止的縱欲」這些強迫自己的經驗，都會上演。換句話說，孟氏如果不為了更好說服別人來接受自己的哲學觀、福氏如果不是為了更好影響別人來認同自己的小說，他們就不必那樣拚命的閱讀。

事實上，我們每個人從小就活在為他人閱讀的情境裏。像被老師吼去念書、被父母趕去做功課，這時我們就是在為老師、父母閱讀，只是我們還不知道要怎麼「影響他們」罷了。因此，確立我們要為誰閱讀以及熟悉抵達目的的管道後，我們一定會大量的閱讀，不必別人來提醒。

17 糗

糗字出現甚早，但迄今字義卻大為轉變，宛如是一個新造字，幾乎跟原文字「囧」成了同類。

它原指乾糧，只不過從字形看不出來罷了；倒是它在當今的變義「受窘」，反而可以從字形推衍而得。也就是說，糗字是從米臭聲，而根據傳統聲符多半兼義的情況，米發臭自然就糗了。

其實，這個字不僅在人處事未周或大意發言而出糗時使用，它還大有可以玩味的地方。換句話說，人所以會出糗，不只是當下性的，它早已延續一段時間不得不發臭而顯現的。如果一個人始終未嘗知道自己的知識欠缺或修養不足，遇事「無以因應」或「觸處拗折」，那麼他就一定會出糗；而這種出糗，是很難補救的。它就像發臭的米，不能再食用，只好丟棄了。

此外，米發臭，除了放置過久長蟲或發霉，它還跟保存不佳有關。倘若你把它放在通風處或分包密封，那麼它就不大可能發霉腐爛或長蟲敗壞。而這通於人事，則不啻在暗示出糗是自捅簍子，怨不得別人。

顯然糗所以為糗，不是「突發所致」或「被人扯爛」，而是自我短少見識和缺乏修為以及不善保護所造成的。一般都把它看簡單了，難怪出糗的人老是一再重複出糗，根本不知道「為什麼會出糗」。現在我們曉得當中真正的緣故了，如果不想辦法預防，那麼頻繁出糗就會降臨我們身上。

18 愛的三態

想像你正在發動愛，而這種愛不論是對人還是對物或是對其他東西，都難免

會碰到一個「是怎樣的愛」的問題。這類後設的省察，理應是脫離盲目行愛的必經途徑；但它卻已經困折過許多人，將來恐怕還有更多人要受纏縛。

撰寫《電影的魔力》的蘇伯提到：「全世界令人難忘的愛情故事，大多以愛人分手作收。」這是對人，那對物或其他東西？也是這樣。只要你真正在愛了，最後都希望那份愛在燦爛中結束。

因為太過堅貞的愛，會讓自己痛苦，也會讓對方飽受侵擾；以至詩人寇尼爾所說的「由於愛你所以我離開你，因為在愛你的同時，我失去了自由」，也就可以反過來稍微保障那一不必太過堅貞的愛。

以物質三態來譬喻，這是液態的愛。這種愛，固然毋須像《每個愛的早晨都有夜晚》一書所崇尚的「愛情的喜悅會因更換對方的歡愉而變得更持久」那樣張揚，但也無妨引為從新界定愛的一種依據。

此外，就屬固態的愛和氣態的愛。固態的愛，少了變通，甚至執迷到誤以為只有這樣才是真愛，到頭來自己費盡了力氣卻未必獲得想要的回報。至於氣態的愛，則是柏拉圖式的精神上的愛，品行高潔，但無助於愛的成長，因為它已經到頂了。

顯然固態的愛和氣態的愛是兩個極端，都不大切合人性；只有液態的愛，可以讓人保有彈性去因應錯綜複雜的「愛的遭遇」的變化。而不想再被愛纏縛的人，似乎也只有從液態的角度去思考，才有撥雲見日的一天。

19 當個詩人

倘若有人問我：「什麼可以使人高貴？」我會回答他：「當詩人。」詩人源源不絕的想像力所寫就的詩，正如亞何所說的它「就像是一座愛的發電廠」，永遠在人間輸送溫熱和驚豔；而它所透顯的「一個靈魂為一種形式舉行的落成禮」這一尤夫揭發的事實，也讓人感覺只有詩人才有這種本事。

詩人的高貴，自然在於他所寫的詩，有著波特萊爾指出的「是人類對一種崇高的美的追求」的特徵；但反過來，即使他處在悲苦不幸中，他也同樣可以發光發熱，因為「在絕望中寫出的詩是最美的」這一梵樂希觀察入微的鐵口保證，早就不辨自明了。

過去韋爾斯特拉斯所期待的「一個數學家除非稱得上是位詩人，否則不能算是真正的數學家」，頗能使人動容，畢竟詩還是要凌駕一切，這個世界才有創新和美感。

從另一個角度看，詩人也是唯一能夠用語言按摩我們心靈的人。且看莎士比亞的詩句「四十個冬天圍攻你的容顏」，你的人生滄桑感是會被喚起還是消退？再看畢宇侯的兩行詩「在這株青草後頭，他躺下／為了放大天空」，你的心中丘壑究竟是被窄化或加寬了？顯然當你在玩味它們時，你已經深為著迷，渾然忘了還有什麼不如意和解不開的心結。

這種可以讓人仰望的高貴感，是應該多一點能見度的；我們自己如果也能培養起對詩的嗜好，那麼該一尊榮也一定會轉移過來，至少不必再畏畏縮縮的過活。

20 一字的妙想

宇宙萬物是從「一」開始的。這個「一」，不是數目字的一，而是終極的源頭。在西方傳統，把宇宙萬物歸諸「一」個上帝所創造；而在中國傳統，則把宇宙萬物歸諸「一」團渾沌所化生，都顯示這個源頭有著獨一無二性。

從某個角度看，我們生命的歸趨也是向著這個一的源頭的。好比西方人會以上帝的完美性自期，努力當一個無可取代的獨特人；而中國人則會以渾沌的周流

性自範，試著當一個調和鼎鼐的高手，彼此都依各自的信念去規畫人生。

顯然一字已經從現實的環境上升到哲學的國度，成了我們發想的抽象物，也隱隱然的引導著我們對它多投注一點感情。後者是說，只要有一出現，應該就是我們要認真對待的時刻；錯過了，思緒就會淪落混雜渙散的下場。

這樣遇到一，妙想就會油然而生。所謂「鄉愁，就俄語來說，就是一種絕症」，俄羅斯導演塔可夫斯基說這話時，可真會用一字，傳神極了！又「真正唯一的死亡是被遺忘」，美國悲傷諮商師曼坦也善用一字，道出了人間特大的真理。又「你要是手上拿了一根大棍子，又懂得輕聲說話，這才算聰明」，美國前總統羅斯福這個一字的譬喻，說得不讓人擊節讚賞也難！試想沒有一，他們可以如此異想天開嗎？

可見一不論是如何的從杳渺處落實下來，只要被人接住而開始運思後，它就穿透力十足；而我們給過妙想，世界更能夠因它而精神百倍。

21 熱思考

有腦子，就必須思考，這幾乎是天經地義的事。問題是：該思考還得有思考

來後設確立它的向度，才能知道「那是什麼樣的思考」。而這一後設，就可以把思考類型化，成為我們自己有把握掌控的對象。

當中，「熱思考」就是一個很具象化的類型。它相較其他的思考來說，有一定的熱度和高亢性，大家也樂見它持續發用，因為很少有人不喜歡溫灼的東西。

這種溫灼的效應，首先見於該思考的陽光性，讓人覺得希望被鼓舞了起來。像作家凱瑟那樣「當我不再羨慕別人的生活，開始回憶自己的生活時，就有了生命」，他的自勵不啻也激勵到了旁人，會跟他一起行動。

其次見於該思考的情摯性，使人感受奉獻的不可或缺。一如作家托爾斯泰所念茲在茲的「作為一個藝術家的真正條件，是對人類的愛」，這種充滿熱情的藝術投注，就很能撼動人心。

再次見於該思考的跳躍性，令人發現另一種熱力悄悄的從心底孳長。好比美國前總統甘迺迪在別人詢問他如何成為戰爭英雄時的回答「這很簡單，有人擊沉了我的船」，顯然二者之間沒有必然的關係，但經過他這一邏輯飛躍，我們的興致反而轉為高昂。

最後見於該思考的量產性，給人感到「沛然莫之能禦」的驚異。正如「你只要指出某件事不可能，就會有數學家跳出來去做」這句西方俗語，就頗能留予人也想一試的欣羨感覺。

可見養成熱思考的習慣，人生是無從灰暗的。

22 穿著有術

愛因斯坦未成名前，經常不修邊幅、隨便穿著；有人質問他，他就說：「我是小人物。」等他成名後，依然故我；再遇到同樣的質問，他又說：「我是大人物。」顯然他的觀念是：不論是大人物還是小人物，都可以不必在意穿著。

國外有個人應邀到某天體組織演講，他為了入境隨俗，裸身走上講臺。沒想到人家顧慮他不是圈內人，尊重他而都穿了衣服前來聆聽。就這樣他在臺上一絲不掛的尷尬的講了兩個鐘頭。

國內有位學者有一次受邀到工地秀演講，他穿著西裝打領帶。演講不到一半，底下就開始鼓譟，直喊：「脫！脫！……」他氣到七竅生煙，發誓以後再也不去那種地方演講。

就穿著來說，第一個例子「為自己」而主體性強了點；第二個例子「為他

人」而遷就過了頭；第三個例子「不辨場合」而自我惹來惱怒，這大概都不是正常的穿著。

正常的穿著，應該有一個「不失尊嚴」又不會「汙染別人眼睛」的準則。換句話說，只要跟人接觸，穿著得先襯出氣質，然後才是依社交對象而調整呈現方式。此外，凡是要藉為炫耀身分地位或不理會別人觀感的，都有失分寸。

想想穿著原來只是為蔽體或為遮羞，但演變到後來卻多出了「為人增價」或「譁眾取寵」一類的附帶效益，它已經變質不再可以單純看待。因此，想要穿著有術，就得先衡量自己和社會環境的互動程度，才來做決定。

23 冷思考

相對於帶有一定熱度和高亢性的熱思考來說，冷思考就顯得較為冰冷和低盪性。它的沉靜醞釀和長緩表出，總是讓人戰戰兢兢以對，唯恐怠慢了它而被冷僵圍困！

冷思考的「冷」，顯現在理性化、忍情化、邏輯化和精緻化中。所謂「顯然我們每個人都童心未泯。我們往往在最平穩安定的愛戀關係中，企求遠在天邊的海市蜃樓和情人」，這一索尼等著《盲人在夢中看得見嗎？》書裏所說的一次次聚合分離的液態愛情觀，就出以理性思辨，而為該觀念找到可靠的理由。

又所謂「與其克服缺點，還不如讓那些強而有力的優點萌芽」，這一費茲著《壞人到底在想什麼》書裏所提及的棄輕就重觀，就夾帶著相當的忍情成分，告訴讀者必要時無妨包容自己的缺點。

又所謂「正確敘述的反面是錯誤敘述，但是一項深奧真理的反面，卻很可能也是另一項深奧的真理」，這一物理學家波耳的看法，就以反向邏輯穿透我們固著真理的心房，從此不再輕忽相異見解的存在價值。

又所謂「如果你能把讀者的身影當成飄散在寫作過程中的一抹香水味，你將會成為一位更好的作家」，這一詩人庫瑟的話語，就錘鍊精緻到家，使人備受感染而渾然忘了自己的寫作還沒起步！

這樣由冷思考串起的人生，也許會因太過理性、忍情、邏輯和精緻，而沒有彈性活絡的空間；但如果缺少了它，還真難以節制熱思考那一衝動和火速。所以同時保有冷思考，智能就不會向一邊傾斜。

24 字如其人

有個笑話說，在郵局等候叫號的空檔，一位老太太央求一名男子替她寫明信片。寫完後，老太太看了看，又詢問能否再幫個小忙；男子點頭應允，老太太說：「請你在旁邊加一行『字跡潦草，請多包涵』！」這相當程度上可以顯示：寫字難看會減低你在親友心裏的份量，以及寫不好字一定跟個性有關。

就平常所見，有人駭怕在公開場合簽名或題字，這除了擔心會獻醜，還有恐懼被窺破了心中的秘密。因為字體波磔點畫的呈現形態，關係著書寫人的性向和格調。凡是字跡端正厚實的，大多穩重且有雅量；而凡是字跡歪斜飄浮的，則大多器小且辦事不牢靠；至於字跡俊逸脫俗的，則才大且不拘小節。

大體上，字寫得好壞，先天已經定了幾分，另外幾分就看後天。有人知道勤練字，當成修行，所以有可能寫出一手好字；反過來，不在意顏面是否無光的人，他的字沒經過鍛鍊，就不可能好看。但有點弔詭的是，大家從小入學都在習字，並且努力要把字寫端正，為什麼長大後卻又依然故我？這就涉及「日後書寫機會」多寡的問題。

如果你只是偶爾填表格或寫一兩封信，那麼就不會有把字寫好的衝動；但如果還有投稿、公關和其他晉升文案的撰寫需求，那麼不把字練好連自己都不會原諒自己。而如今書寫都由電腦代勞的人，恐怕是無緣體會這種特殊的經驗了。

25 記憶術

傳說有一男子，中年失憶，家人為他遍尋名醫，都治不好。最後來了一個人，宣稱可以代勞，且有效才收酬金。他用的辦法是把對方關在空房裏，不給任何東西。慢慢地，男子感到餓了，想討食物吃；感到寒冷，想要穿衣服，結果什麼事情都記得了，他大為光火：「以前失憶時，我無憂無慮；現在恢復記憶，卻苦不堪言！」

這個故事有兩面性：記憶需要刺激和記憶跟煩惱連在一起。後者顯然無法推辭，因為你不要記憶，別人就得代替你記憶，痛苦是別人在承擔。剩下來，就是前者值得我們注意。

坊間有許多教人怎麼訓練記憶的書，但都空泛不切實際。原因就在「為什麼要記憶」這個關鍵點，那些書都含糊其詞。像愛因斯坦曾經被問到「什麼是死亡」，他回答「那就是再也聽不到莫札特的曲子」，這只堅持選擇記憶莫札特的曲子，我們還能教他記憶什麼嗎？因此，記憶一定是在有需要它時才會發生作

用；此外教你再多記憶術都是枉然！

那麼要發揮作用的記憶究竟得找到什麼技術？這可以用一句「在事上用心」來概括。也就是說，當你為了完成一件事或做好一項研究，去廣為蒐羅資源和案例，然後用記憶連結它們的關係，終於為你所用，這就是最好的記憶術。

正如作家曼肯所說的「莎士比亞所做的，只不過是把許多知名的陳舊引文串起來罷了」，莎士比亞為了寫作，專心去記憶那些散雜資訊來搏塑新作品，顯然深得記憶術的三昧。

26 對比找新點子

寫作，應該是最能讓人感到高貴和不虞匱乏的志業。它的高貴感，來自類似梵谷所說的「每個人都該過著一種簡單而美麗的生活，而藝術家則得為這個世界留下美好的東西」，可以讓世人緬懷；而它的不虞匱乏感，則來自像波特萊爾所說的「由於想像力創造了世界，所以它統治這個世界」，可以擁有對整個世界的發言權。

只是這條寫作路，正如「英雄的旅程」那麼漫長且多波折。即使如小說大家

馮內果，也不免會感到寫作艱難而說出這樣的話：「當我寫作時，感覺自己就像個無手無腳的人，嘴裏咬著一枝蠟筆。」因此，寫作就不可能像拉莫特《關於寫作》書裏所說的，只要「一隻鳥接著一隻鳥」寫下去就得了，它還要找到竅門才行。

這個竅門，我稱他為「對比找新點子」。好比有一些顛倒歌：「先養我，後生哥。爺討媽，我打鑼」、「有一天是星期八……十三點鐘才回家；手走路，腳發麻」，就很能以顛倒對比的手法來創新文體。

還有一則寓言故事，說到一隻蜈蚣被螞蟻問倒了，每次出門就在想到底是那一隻腳先走，結果是都想不出而癱瘓了。如果要以對比的方式來創新故事，就可以安排其他蜈蚣用「翻滾前進」或「溜滑板」或「洗掉記憶」從新來過，別像牠們的同伴那樣困在自家門前。

除非人不在意百無聊賴過一生，否則都要在寫作這條路上接受考驗；對比找新點子，永遠有它「讓你靈感飛躍」的吸引力。

27 吹牛哲學

喜歡說大話的人，我們會認為他愛吹牛，在人際互動中缺乏誠意，屬於必須審慎考慮合作的夥伴。但情況又不能這般肯定，因為吹牛幾乎是人人所不能避免的事，我們怎麼可以只准自己說大話而不許別人吹牛？

好比我們習慣說自己的成長過程很坎坷、自己賺的錢多麼不夠用和自己準備奮發向上做出一番大事業等，其實都帶有正、反向吹牛的成分，目的是不願被人視為「溫室的花朵」、駭怕別人「來借錢」和給人「有作為」的好印象等。

可見吹牛的必要性，已經成了可以從哲學的角度來進行後設思考的一個項目。它的所能被認可的價值，除了是「包裝自己」和「提升自己的地位」以外，還有是「轉成一種前進的動力」。就像阿基米德所說的「給我一支夠長的槓桿和一個放置它的支點，我將能舉起全世界」，這吹的牛皮已經大到超出一般人的想像範圍，卻很有自我鼓舞的作用。類似的情況是，有位教育家說給他一打孩子，他可以把他們教成什麼家、什麼家。這雖然也有點吹牛過頭，但擺在心裏總是有如火炬般自我照明的功能。

當然，吹牛也應當有個限度，否則出現的後遺症就得自己承擔。正如尼采的自傳《瞧！這個人》中的標題「我為什麼這麼聰明」、「我為什麼這麼有智慧」

和「我寫的書為什麼這麼優越」等，他如此自我吹噓的結果是進了瘋人院，而且被當成笑話流傳至今。因此，不想吹破牛皮而忘了自己是誰的人，勢必得先縮短跟吹牛的距離。

28 什麼時候自私

天下事，大概只有自私最難找到理由讓人信服。它不是容易引人瞪白眼，就是很能教人厭惡恨透；而一旦你不幸被人貼上「自私」的標籤，恐怕用幾車水都洗刷不掉。

但事實上卻不能這樣！我們每個人在大多時候都是自私過活的，差別只在程度而已。換句話說，有人掩飾不好，讓自私太早掀底；而有人有私必自，全不給人探聽機會，相對於那些懂得掩飾且偶爾不貪婪的人來說，其實只是幾步距離罷了。

想當年楊朱才「拔一毛以利天下而不為」，就被孟子罵為心中無君的禽獸，那知道利弊事並不能以這種情況來衡量。因為像孟子「一心為國」或「全都為百姓」，也是自私的表現；從來沒有任何一國或任何一個百姓有求於他，

他就自私的以為「非靠他不可」！

可見不是自私要不得，而是在「什麼時候自私」才不會討人厭或可同理接受。如果你搞不清狀況，在分東西時大為逾越，或者得共同承擔的事卻避不付出心力，那麼敢保證你會被不屑的眼神淹沒而死！反過來，如果你多撈一點剩餘的部分，或緩為選擇比較輕的負擔，那麼別人就不會跟你計較了。

有個無地農民組織說：「打倒野蠻，要靠教育；打倒自私，要靠團結。」這看來很神聖，細想卻沒什麼道理，因為用團結打倒自私不也是一種自私？倒不如好好考慮上面所提及的時機問題來得實在。

29 書的誘惑

「書是用來引爆想像力的裝置。」這是班奈特《非普通讀者》一書所帶出的，它把書的特色及其誘惑力活脫的說盡了。如果書不是為了引爆他人的想像力，也就不必寫出：而一旦寫出了，它的流通又會增加一份持久的魅力。

然而，書所引爆的想像力卻又不只「讀者深受感染」一端，還有「書究竟有什麼別的用處」一端也會被聯想出來。而這就到了書也可能被當成物品而予以偷竊的階段。換句話說，偷書以作為印證對書的另一種想像力，已經成了必要預防雅賊的搜捕令的來源，它的真相著實讓人嚇一大跳。

據漢彌爾頓《卡薩諾瓦是個書痴》書裏的記載，有人從公共圖書館偷走數千本書；而有人則跨州跨國的偷了兩萬多本書；甚至還有法朗士這一形同另類的偷書：「永遠不要把書借出去，／因為沒有人會歸還。／我的所有藏書都是別人借給我的。」看來馬克吐溫所說的「不偷書的人，不會有什麼出息」，很能被引來印證。只不過這些偷書人自己並不看書，他們只是垂涎書的裝幀和喜歡待在書堆裏的感覺，還談不上「偷回家看」那種類雅性。

此外，進書店看書而不買書的人，也算是另一種偷書人。他們偷走知識，留下書殼，身影顯明，尤其會讓寫書人和賣書人氣憤不已！可見被書誘惑的人，還得先想清楚書和玩物的差別，以及具備不佔便宜的道德感；否則就要將他從愛書人中除名。

30 窮

這個世界，有百分之八十的財富集中在百分之二十的人手裏，剩下的百分之二十財

富由百分之八十的人分配，有人覺得很合理，有人卻憤恨難平！其實，還有一種「才氣」的財富也一樣，但沒有人會怨怪那百分之八十的才氣集中在百分之二十的人身上。

很不幸的是，這擁有百分之八十才氣的人，卻得去跟人家爭那百分之二十的金錢財富；於是當他們拙於謀生時，就淪為半乞丐，過著有一餐沒一餐的生活。

但話說回來，這種窮未必不是件好事，它會激勵人鍛鍊才華，而獲得不能擁有金錢的心理平衡。就像笙堡《窮得有品味》一書所說的，變窮可以是一種優勢，因為它會讓你顯得更有格調，就是從生命的充實感昇華而來的；有錢人搶不走，也無緣佔有。

韓愈曾經說過「文窮而後工」，這是實話。倘若一個人活在錦衣玉食中，他就不會賣命寫稿賺點蠅頭小利，而終究成為「大家」。其他才藝的獲致也是一樣：正如當年音樂家舒伯特窮得一文不名，在餐館看到報紙上有篇小詩，當場就給它配了一首曲子，跟老闆換到一份馬鈴薯。那首曲子就是著名的《搖籃曲》，後來手稿被人以四千法郎拍賣。

此外，窮還可以激發人的幽默感。像詩聖杜甫窮得連茅草屋都被大風吹破，沒得補了，卻還在做著「安得廣廈千萬間，大庇天下寒士盡歡顏」的美夢。可見窮不是殘缺，只有窮而不能練才和培養幽默感才是大遺憾

31 叛逆有道

上個世紀，流行過一個比時髦還時髦的字眼，叫做「酷」（cool），至今仍然常被人掛在嘴邊。它不是「很棒」或「極好」，而是「另類的好」或「異常的妙」。

看來，酷是在描述一種人格特質，跟自戀、疏離和享樂主義有關。正如龐登《酷派當家》一書所說的「酷，可以是一種對抗壓迫和沮喪的防衛機制，但這種防衛不是免費的，道德矛盾就是它的代價。」也就是說，凡是顯出酷樣的人，他就得在「反叛他人」和「自我失據」中擺盪。

雖然如此，帶酷的人也不見得沒有足夠的理由反叛，因為他另有像《牛津英語大辭典》所說的不受熱情或情緒影響的「冷靜應世」的一面。換句話說，從普遍有不滿現實某些制度或人為束縛的層面來說，帶酷的人必須比其他人更多細密的心思，才能一酷到底。

這總括一句，叫做「叛逆有道」。實際的情況，就是別看某某酷酷的，他心裏都在盤算著「怎樣突破現況」或「如何帶領風潮」，因為那樣才有機會展現「另類的好」或「異常的妙」。而這跟為叛逆而叛逆顯然不一樣，後者不但酷不起來，還會惹人厭！

據說電影明星寇克．道格拉斯碰到心情上極為失望、沮喪的時候，就對著鏡子說：「寇克，你真了不起！」這從某角度看，不就酷極了。如果說叛逆可以顯出酷，那麼這酷就是跟自己戰鬥；能戰勝自己，接著才有本錢去跟外在僵化的體制或權威的不當支配相抗衡。

32 格調

有品味而不同流俗，自然脫離名利場域，我們會說能涵養到這個地步的人有格調。

可見格調是純化生命的體現，比較不染塵氛；它略帶唯美的氣質，卻又有別於矯情。

相傳美學家桑塔耶那有次應邀去大學教書，上沒幾堂課，他就覺得很無趣。這時有隻知更鳥飛來教室窗前，他盯了一會兒，說：「是啊，我跟春天有約！」當下就快步離去，沒再回來。這是藝術人的格調，不耐制式的勞務。

以前日本有位武士，追查殺害主人的仇家，當他把對方逼到死巷正要出手時，臉上被對方吐了一口痰，它突然斂容收起武士刀。對方納悶的問：「你為

什麼不殺我？」武士說：「因為你激怒了我！」這是練武人的格調，在被羞辱的情況下復仇會很不光采。

晉代陶淵明窮極了，好不容易找到一個彭澤縣令的差事，卻因為官場送往迎來不堪負荷，只當了八十八天，他就把官帽一丟，回鄉耕種去了。這是文人的格調，禁不起為五斗米折腰。

格調令人嚮往，卻又最難達到，因為它有一種非尊嚴、非榮耀的特質。尊嚴和榮耀只要花力氣去捍衛和爭取就可以擁有，但格調卻無法比照思維，它一定是超越俗情而變成一種習慣後所朗現的。

如果我們也需要有一點格調讓人品評，那麼勤於修養且不貪圖世俗權益，就是必經途徑。

33 哲學的味道

哲學是理性到了極致境地的產物。它可以直就各種知識來後設說理，而形塑所謂的「某某學科的哲學」；也可以針對感性的文學或藝術來解說衍繹，而構成所謂的「文學哲學」或「藝術哲學」，不啻是學問中的學問。

對於這種學問中的學問，理應受到熱烈的歡迎，但一般人卻望而興嘆，甚至「避之唯恐不及」！這難道是被像磚塊一樣堅硬的哲學書給嚇到了？還是被喜歡故弄玄虛的哲學家唬住了？我看都不是！因為理性本是人人都具有的，怎麼可能一聽到哲學就像著了魔？這當中一定有某種東西隔著，才會看不清而妄加揣測。

正如莫里哀的小說《暴發戶》所敘述的：一個因經商和承繼遺產致富但毫無文化修養的暴發財主，不知散文和詩歌為何物，有一天赫然發現他竟然運用散文運用了一輩子！駭怕或不喜歡哲學的人，也真該驚訝他是在用「駭怕或不喜歡的哲學」反對哲學！這一「日用哲學而不知」的心理，就是橫在一般人眼前的東西，難怪會見不著自己使用哲學的投影。

那麼哲學又是如何的切身？這只要想想我們聞過或嚐過的味道，就可以會意一二了。也就是說，從我們會分辨味道，並且興起喜愛或厭棄的念頭時，哲學就存在了。只是味道有濃淡輕重，哲學也有淺深難易，想要成為一個文化人，就得去探究哲學，因為那裏面也有味道：重鹹又火辣，保證讓你終身難忘。

卷八

白烏鴉與黑天鵝

二〇〇一年九月十一日，美國紐約世貿大樓被人劫持民航機撞毀，就是機率理論裏的白烏鴉或黑天鵝，而它就不在美國人的預料中，以至於付出了慘痛的代價！

卷八　白烏鴉與黑天鵝

1 老鼠哲學

西方人喜歡問些奇怪的問題，如「蟑螂腦海中的上帝是什麼樣子？」或「上帝會不會吃喝拉撒？」他們大概懷疑上帝造蟑螂這種討人厭的東西，可能別有用意；同時也擔心走出門會被上帝的排泄物擊中。一切的心神不寧，都來自上帝從不現身「講清楚，說明白」。

這連帶影響到他們對一些劣質物的定位。像老鼠，在雨果的小說《悲慘世界》裏，就被調侃為上帝的疏忽：上帝在造完老鼠後說：「噢，我錯了！」於是又造了貓。貓的出現，成了老鼠的勘誤表。

更不堪的是，牠們還成了詩人柏恩斯筆下那些沒能耐又愛使陰的帝國追隨者的象徵：「老鼠對付人類的最佳把戲／就是成羣結隊且偷偷摸摸尾隨其後」。

相對的，我們對老鼠就沒有那種印象。除了《詩經》裏曾拿牠們比喻貪瀆自肥的官僚，此外「鼠輩橫行」的予人不屑觀感過後，很快就會轉成秦代李斯那樣領悟出入居米倉和呆在茅廁的差異處境而痛下抉擇。也就是說，心中沒有上帝的國人，已經獨自醞釀出了一種「老鼠哲學」。

這種老鼠哲學，目的在反映大家所嚮往的「非老鼠式」或「借鑑老鼠」的生存之道。它在最低限度，是要告訴人：不要不如老鼠懂得求生或仿效老鼠過頭會有醜態。至於老鼠自己？牠們可能沒有什麼哲學；但可以留給我們替牠們想像。因此，老鼠雖屬細物，但人如果不思及牠們有的多方的啟示作用，恐怕也無力去想其他的大道理了。

2 破窗後

新社會學有一種「破窗理論」，提到一棟建築物如果有一扇窗戶破了沒人修理，很快的其他窗戶也會跟著被打破，因為大家都以為那是廢棄的房子，不妨拿它當作發洩情緒的對象。其實，窗戶無辜，而是人心出了問題：老是欺負不吭聲的建築物。

這種現象，也常在人際關係中出現。比如你被某人找麻煩一次而不反應，接著就有更多人來找你麻煩；而你家周圍環境很少清掃，也保證會有很多路過的人往那裏丟垃圾，好像那是在暗示：「錯過了這裏，就得到處去找垃圾桶！」

可見破窗後，就是考驗人性的開始。凡是沒有同情心和包容心的人，都會

往別人身上或住處留下惡劣的印記；而不知道要顧好自己顏面和守好自己家屋的人，也等於敞開雙手在歡迎那些品德出缺的人對你不利。這些都不是人間的美好狀態。

人間的美好狀態，理應是有人發現窗戶破了，會想辦法通知相關個人或單位把它修好，然後看著建築體恢復美觀而賞心悅目，這樣大家才不會活在「隨時有人窺伺我家的窗戶，而想趁機多打它幾塊」的恐懼中。

至於還應了破窗理論的大欺小、強凌弱等不平事，也得從教育啟導而強化修養和弱小者自我儲備本事應付等雙管齊下來化解。這種逆反破窗理論，比起前者固然緩見成效，但只要有人帶頭做，慢慢地風暴一定會轉好。

顯然不使破窗成為人造災禍的「蝴蝶效應」的翻版，最好的作法是在一開始就不讓破窗發生。

❸文盲

面對一個充滿文字標誌的世界，不識字真的會寸步難行：不但看不懂公車站牌，還進不了電影院，甚至到公家機關辦事都會遭遇揶揄不解的眼光，最後只好把自己封閉起來當個「文盲高人」。

過去許多人深感不識字的痛苦，無論如何也要把下一代送去念書，別再像他們一輩子當「青暝牛」。現在大家幾乎都讀書識字了，遺恨減少了；但另一種缺乏美感的「文飾之盲」，卻也悄悄地危及我們文化的根基。

比起前面那種「文字之盲」，後面這種「文飾之盲」多了一項對文字的輕忽。原來不識字的人還會敬重文字；現在識了字的人反而魯莽蔑視起文字，撰述出稿不僅缺乏想像力，而且經常粗話、謾罵、諷刺連篇，直教有識之士大嘆世風日下。

詩人白朗寧曾經渴望「結識一個作畫的屠夫，一個以寫詩為業的麵包師」；而詩人葛蘭姆也說過「一個社會沒有詩，就會死亡」，這都暗示我們沒有文采來修飾，是不可能經營美好生活環境的。

事實上，還有一種「文化之盲」，背地裏不知斲喪了多少國人的尊嚴。像「西方人能，為什麼我們不能」一類的詰疑，就屬一知半解且令人憂心！西方人崇尚挑戰自然、媲美造物主；我們崇尚諧和自然、綰結人情，彼此各有所重，豈能「以彼律此」？因此，設法尋隙找回自己應有的生活步調，也就成了掃除文盲的最後一個希望所繫。

4 笑話先生

國人因受傳統氣化觀這種世界觀的影響，凡事都仿氣的流動而不時興精確明劃。後者是信守創造觀這種世界觀的西方人所崇尚的，他們為了媲美上帝造物的井然有序，一切都要看準詳較而不容許含混錯亂。在這種情況下，中西方人就幾乎生活在兩個世界，彼此很難互換。

由於這個緣故，所以我們對國人遇事「隨便」、「馬馬虎虎」，「不必太過計較」等習性，也就得予以諒解，畢竟氣化觀型文化的因子已經深深的內化，任誰也難以去加以改造。而由此也可見，當年喝過洋墨水的胡適，以〈差不多先生〉為題，撰文譏誚國人的心態混沌模樣，也就認知不夠真切；否則他應該會包容自己同胞的不得已情狀。

如果當個「差不多先生」在我們這裏不必引以為恥，那麼究竟還有什麼可以忌諱的？有，那就是「笑話先生」。好比幾個近視眼在爭論涼亭上根本還沒掛上去的匾額，既不知己短又好面子，就會鬧笑話！又好比陸游詩所說的「俗人為俗詩，佛出救不得」，沒本事又愛附庸風雅，也是合該被人嘲弄。此外，對於一味棄守自屬傳統而應了王陽明詩「拋卻自家無盡藏，沿門托缽效貧兒」的人，恐怕更會讓人暗笑嘆息不迭。

基本上，國人很難有西式的幽默，經常以自嘲的方式贏得別人的好感。因此，避免被譏刺而成了「笑話先生」的最好辦法，就是像龔自珍詩所說的「多識前言蓄其德，莫拋心力貿才名」，只要多積學蓄德而不強出頭，大概別人想嘲笑你也沒機會了。

5 聽無聲

「大音希聲」，這是《老子》書裏的話，常被人引來印證「聲音越少越美」一類的見解。就像某佛教團體所傳出的：一名受邀去演講的音樂家問大家：「你們覺得剛才的交響樂那一段最好聽？」座中有位比丘尼這樣回答：「音樂靜止的時候最好聽。」聲音有礙清心，在這裏得到了充分的說明。

然而，話說回來，如果為了絕慮自在而迴避聲音，那麼沒有聲音了又要聽什麼？道家信徒可以說「聽而不聞」；而出家人也可以說「聞而不聽」，但這都沒有解決耳朵的功能問題。一般會以為耳朵不就是為了聽聲音而存在，還有什麼好疑問的？但又不然！耳朵其實還可以「聽無聲」。

試想我們翻書或瞧畫的時候，豈能不留意字裏行間或線條色彩正在發出什麼

美妙音籟？而看人臉色或觀察風雲變幻的時候，又豈能不捕捉裏頭所有的「絃外之音」或「天遺警訊」？可見耳朵是可以從有聲到無聲一起聽的。而依經驗，懂得聽無聲的人，心裏隨時都會有一種輾轉「參透了」的躍動和喜悅。

這不是要否定高人們所嚮往的「此時無聲勝有聲」的無所期待境界，而是想提醒大家有太多的感觸和領受，都是在無聲中「聽到什麼」才油然而發生的。倘若我們不在意，那麼諾貝爾經濟學獎得主賽門所曾經擔心的「資訊的浮濫，帶來注意力的貧乏」一事，恐怕立刻就會反過來在自己身上應驗而被聲音淹沒失聰。

6 資訊併發症

電腦的發明，讓人類進入後工業社會，從此要跟新的冰冷的機器為伍，以及不得不面對隨時會分裂的資訊。接著通信業發達，到處手機響聲和著喧吺不休的通話聲，突然間大家都像得了嗜語症，可以從別人的睡夢中講到自己的工作地，再從自己的工作地講到自己的睡夢中。

以前好思辯的印度人會說「想想看，你死後將有多麼可怕，別人繼續說話，你卻無法反駁」（羅伊詩）；現在資訊過剩，另一種「你活著想反駁也不一定有機會」的憂慮卻又悄然孳生，導致這世界話多如雨水，還不知道被覆蓋的是它的蒼涼還是自我持續憂慮的衝動。

這總括一句，是資訊併發症；而它已經不再像奈思比著《奈思比十一個未來定見》一書裏所說的「人類的天性，就是將資訊扭曲成自己想要的結果」那一片面自主好景，更多時候我們會迷惑在無邊際的資訊大海而失去航行的動力。

擅長敘寫鄉野傳奇的司馬中原，說他看到自己的作品被改編成電影時感動得想哭，而看到自己的作品被拍成電視劇時卻難過得想死。這無非是電視劇的「拖沓」和「灌水」，會多出不少壞戲的成分，使得作品連貫性的傳奇感遭到肢解。這又是一種資訊併發症：以為強迫別人接受無甚意義的資訊是新的德行。

看來我們想從新過比較正常的生活，途徑就在從裂變的紛亂資訊中翻身去釋放「無謂的執著」；再加上管控自己的嘴巴，減少旁若無人的「隔空吱喳」。

7 為渾沌鑿竅的後果

當我們面對特別美妙的東西時，經常會以直覺的方式去把握它，而體現出一種滿全的美感趣味。雖然有美學家認為這種趣味也得建立在理性分析的基礎上，

但就它可以成就「無概念、無關心」這個由哲學家康德所指出的審美形態來說，該一直覺滿全的感性體驗還是不容否認。

換句話說，我們只有以第一印象來欣賞特別美妙的東西，才能真正享受到「驚奇」的樂趣。正如康明斯的詩句所隱喻的：「當你和我都具有雙唇和聲音／可用來歌唱和接吻／誰還會去關心／那個無聊的傢伙發明了度量春天的工具」。如果我們還有不關美感的考量，那麼為渾沌鑿竅的效應馬上就會發生。

那是《莊子》書裏的一個寓言故事：南海之帝儵和北海之帝忽，受到中央之帝渾沌的殷勤款待，想以替渾沌挖鑿七竅，讓他可以視聽食息作為回報，卻不意挖著挖著，渾沌就給弄死了。這個寓言故事暗示我們：保留事物的渾樸性而不裂解窮究它，才能確保自我的逍遙自在；否則對方被我們鑿破死了，自己也會無處安身。

這固然不能統括一切的理性求知，但對於審美感受部分卻無妨奉為金科玉律。倘若有人不願自我發掘和涵養這種直覺把握的能力，那麼他所要付出的代價將是「與美無緣」！試想遇到美女，你很努力的去分析她的五官三圍，這時還有什麼美的享受？恐怕那樣下去，你連她的嘴角歪斜、眼皮上的黑痣和小O形腿等都會一併發現呢！

8 說話著色

「我是堅持的，你是固執的，他是愚頑的」，這是哲學家羅素用來說明說話著色的例子。同樣是一件「只認可己見」的事，經過不同語詞的傳達，就真的讓人感覺千差萬別。

試想倘若我們對別人說「我是前衛的，你是偏激的，他是極端的」，對方不氣炸才怪！這就是說話著色厲害的地方。就因為這樣，所以說話著色也成了一種修辭術，專門用來消遣想跟自己抗衡的人。

但同樣的道理，說話著色被別人反向對付，我們也會難嚥一口氣；尤其是對方「大」、自己「小」時，那種難以辯解的無力感會更加啃心噬肺！托瑞等著《賽局贏家：托瑞的洋基管理學》一書裏提到「你愈是跟媒體對抗，媒體的力量就愈大」，這當中一定少不了加油添醋，並且把你染成紅黃黑，讓你無地自容，媒體就有這種能耐。

通常所謂的謠言，也多半是著色的結果。所謂「真相還沒穿好褲子，謠言就已經跑遍世界了」，馬克吐溫這句話所隱喻的，不就是謠言的強為包裝染色才能聳動人心嗎？也合該大家都駭怕成了謠言中的主角。

其實，最恐怖的是「離間」式的著色。就像西諺所說的「敵人的讚美，它的

可怕大過惡魔的詛咒」，敵人給你假惺惺的美言加料，讓友方誤以為你已經投敵而排斥你，這時真會百口莫辯。因此，語言一旦被著色，輕者破壞和諧，重者會要人命。而不想受困擾的人，只好修養自己和預防跟他人起權益衝突，也許從此就可以免疫。

9 白烏鴉與黑天鵝

烏鴉是黑色的，天鵝是白色的，這分別形成的命題早已被大家公認為真。但世上卻有非黑色烏鴉和非白色的天鵝存在，導致相關論述要加入一個「不確定」的變數。

這是說非黑色的烏鴉和非白色的天鵝，會造成在說明有關事物上的莫大挑戰。如果承認它，那麼「烏鴉是黑色的」和「天鵝是白色的」就不能成立；如果不承認它，那麼又要如何面對世上確有非黑色的烏鴉和非白色的天鵝的存在？這明顯是個兩難問題。

像臺灣中部武陵農場就有白烏鴉，而澳洲也有人發現黑天鵝，這都會讓「烏鴉」和「天鵝」的命名轉為機率理論所統轄，而直接間接的深化上述的兩難困境。

縱是如此，白烏鴉或黑天鵝卻也成了我們必要預測「意外事件」的觸媒。換句話說，總會有類似白烏鴉或黑天鵝的非尋常事物的突然現形，倘若忽略了預測，那麼一旦眼前真的出現了非尋常事物，我們就會不知所措。

好比二〇〇一年九月十一日，美國紐約世貿大樓被人劫持民航機撞毀，就是機率理論裏的白烏鴉或黑天鵝，而它就不在美國人的預料中，以至付出了慘痛的代價！

可見凡事都能保留不確定變數存在的空間，才不會被突如其來的意外變故所嚇著。而這具體的作法，就是不必太過堅信未來的人生或事業「非如此不可」，萬一有阻力或自我變節，也是理中合有，不須給自己無謂的壓力。

10 刺蝟與狐狸

找出成語，有一組可以分居光譜兩端：一個是勇往直前；一個是猶豫不決。這在人身上，是兩種截然不同的個性。前者為行動派兼樂天派；後者為畏縮派兼悲觀派。

這正好有兩種動物可以比擬，就是管理學家柯林斯在《優秀到卓越》一書所提到的刺蝟和狐狸。柯林斯還藉牠們說了一番道理：看起來很笨的刺蝟所以能夠戰勝狐狸，只因刺蝟專心於一種能力的培養；而狐狸所以會失敗，卻緣於牠太聰明，總想透過計謀獲得勝利。在職場上，這兩類人是否真的就這樣可以明顯判分高下，還有得廣泛的觀察。

話說回來，真正在光譜兩端的人不會太多，其他人都是分處於中間地帶。也就是說，人遇事有時會猶豫不決，有時又會勇往直前，很難看透他是那一種人。而這從中間再向兩端靠去的，則又有「蠢蠢欲動」或「一鼓作氣」和「優柔寡斷」或「小心翼翼」等次中間型的人。他們的面貌稍微清晰了一點，但也同樣不好捉摸。

可見個性不宜被刻板化。而這回到刺蝟和狐狸，牠們恐怕也未必是「始終一副德性」；我們只不過看到刺蝟鼓脹和狐狸鬼祟，卻看不到牠們不鼓脹和不鬼祟的時候。

因此，在必要時，我們得扮演刺蝟或狐狸或刺蝟和狐狸兼具，而把自己調整到「該衝刺就衝刺，該謹慎就謹慎」的從容自適的地步，人生就不會有遺憾。

11 羊與獅

古希臘的亞歷山大大帝有句名言：「羊隻率領的獅羣不足為懼，猛獅率領的羊羣則不可小覷。」這句話用來比喻人類的統屬，則有很多訊息可以發掘。

首先，羊本柔弱，獅則兇猛，如果兇猛的獅羣由柔弱的羊隻所率領，可以想見眾獅會瞧不起羊而懶怠以對，最後演變成一盤散沙；反過來，羊羣由猛獅所率領，勢必受到猛獅的感染而轉為剛強，作戰力會相當可觀。

其次，由這個例子可以推及：羊隻率領獅羣，表示羊晉升到不適任的位置，一定辦不了大事，甚至可能把事情搞砸；而猛獅率領羊羣，也透露了倘若猛獅心術不正，非理性蠱惑羊羣衝刺征伐，就會造成天下大亂！

再次，還可以從另一面窺知：羊隻率領獅羣，久了難免會給別人製造「挑撥離間」的機會，而使羊的領導位子「坐不安穩」；至於猛獅率領羊羣，稍一不慎，也可能因為令人駭怕而紛紛遠避，形成獅越來越獨立，終至淪落為「暴君一族」。

顯然在社會的權力網絡裏當羊當獅都不好，因為不論誰領導誰或誰被誰領導，都解決不了那「支配」條件欠缺或「被支配」情況太過的問題。比較新的思維是：改當大象和長頸鹿。前者厚重，可以自我領導，彼此相安無事；後者高

卓，可以當他人的眼睛望遠，卻沒有要人聽命的企圖，世界或許能因此減去權謀而太平。

12 番茄醬效應

大家可能都有這樣等公車的經驗：公車不來都不來，要來接著好幾輛，令人不禁嘆聲連連！這就是所謂的番茄醬效應。

在餐廳食用番茄醬的人都知道，常常用力倒才一滴兩滴，然後卻突然掉出一大坨！看著浪費，很想再把它擠回去，但為時已晚，它早就跟菜餚混在一起了。

這種番茄醬效應，最直接影響我們生活的，就是「期待的事偏不來，不期待的事卻成堆的來」，難以有條理的採取行動。此外，有些無預警的事，剎那間蜂擁而至，令人來不及因應，也很容易斷了「想要有一番作為」的念頭！

好比討論公共事務，會中大家都不表態，也看不出我們所不希望的結果會發生，但表決時卻大多數朝著反方向前進。從此議題不是胎死腹中，就是遭到扭曲。

又好比我們規畫了一件對所隸屬團體有益的事，就在執行到半途時，一些自己沒能力參與卻又愛嫉妒的成員，紛紛冒出來扯你後腿，造成原先那股熱切的用心再也升溫不了。

本來番茄醬加一點就可以調味而使食物更為可口，但它瞬間逾量出現後，反而迫使人對它感到厭惡！同樣的，現實中有太多應了這種效應的事件，也著實給社會帶來「很難謀略改善」的憾恨！

這麼一來，要降低番茄醬效應發生的頻率，就只有往「不跟它密切關連」的途徑邁進。也就是說，只要不讓它有機可乘，它自然就無從干擾人了。

13 亂

「完整，是豐富的亂。」這是亞伯拉罕森等著《亂好》書裏說的。它指出了常人所忽略的「亂無所不在」的道理：亂不但在失序的事物中存在，連一向被視為已經秩序化的完整的東西也感受得到。

這樣我們就得從新來看待「亂」這種現象。如果說，亂是因為多樣性事物的並置、連結和互動等所形成的，那麼亂在現實中就是最高層級的秩序，因為這世間沒有什麼單純不亂的東西。這約略就是混沌理論所說的「混沌」現象，它比一

般我們所理解的秩序更具優越性。

有一本溫伯格著《亂是一種新商機》，書裏提到百科全書的編纂由於強為拆解存在各文獻中的資料，使得原有整全性的個體遭到破壞，明顯是「違反上帝所定的秩序」。因此，如何正視那種整全性的「豐富的亂」的新秩序觀。而試著去另闢市場，也就成了一種新的商機。有心人不妨勉為參透這個道理，看生活方式會不會有些改變而出現新的榮景。

事實上，時下的年輕人喜歡用「那個人亂正點的」、「你亂有感情的」一類形容詞，已經在體驗另一種亂的秩序。倘若能夠把它推廣，那麼人生勢必會有料想不到的活力，畢竟沒有人願意被拘束在那「一板一眼」的剛性秩序裏。這麼一來，也許最後我們都會因而感覺到：「這個世界亂好的！」

14 候鳥

昆德拉小說《生命中不能承受的輕》裏的女主角，一生中不斷在遷徙；而遷徙只因為別人要進一步跟她熱絡而無法消受，以至生命就輕如雲霓。這樣的人生際遇，差堪比擬於候鳥。

候鳥的遷徙原有一定的軌跡，但當今氣候環境變幻不定，恐怕候鳥也難以如願回到舊家，從此要被迫在外漂泊。有些人找工作，一年換十二個老板；或稍有不順心，就自我放逐，都像極了「不知如何」的候鳥。

本來候鳥只是為了「避甲地趨乙地」，最後還是要返回原棲息處，終究跟人容易「中途變節」的情況有所不同；但在氣場和氛圍改變後，候鳥也可能失去航向，成了空中的浪兒。而人由於多了後設意識，可以很快的調整前進的方向，所以就比候鳥更像候鳥。

美國有首歌叫〈無可奈何花落去〉，中間兩句是「你曉得離目標越接近，你反而越失落」，這藉來形容有候鳥情結者的心情，再貼切不過了。當一隻候鳥，不就因為駭怕看到目標而得不斷地飛行嗎？

這是說當候鳥者的目的是在「追尋」，而追尋的絢美則為那一超常的夢想。正如《綠野仙蹤》影片歌詞「你敢大膽夢想的美夢（在彩虹彼端的某處），都會一一成真」；夢想能不能實現，基本上無從保證，但那顆敢許的心卻無比寶貴。

如果說候鳥行徑會造成生命的輕，那麼牠的追尋夢想則可以彌補虧欠；至於夢想不願讓它太早實現，則又有另一種重過程的美感在支持著。

15 熵

成語中有「覆水難收」、「一言既出，駟馬難追」和「油盡燈枯」等箭式的說詞，暗示著它們所內蘊的情事只能向前而無法回返。而這跟物理學上的熱力學第二定律「熵」，頗能相應。

熵，（ㄉㄧ）英文 entropy，有人音譯兼義譯為「能趨疲」。後面這個譯詞，很傳神的表露了熱力學第二定律那一「耗掉的能量不會再生」的趨於疲勞現象。這相對熱力學第一定律「質能不滅」來說，特別有警惕我們得好好寶愛珍惜地球的作用。

由這點引伸開來，凡事都會面臨能趨疲的命運。像潑出去的水、說出口的話和燃燒完的油燈等，在時間流中都到了末端，不可能再照樣復原。因此，如果不願看到這一不堪的結局，那麼打從開始就要簡省著過而別感情用事。

換個角度看，大家都知道這個道理而不去實踐，惡果很快就會應驗在自己身上。好比布道家富司迪所說的「一開始你獲得權力，然後你運用權力，隨後你濫用權力，最後你失去權力」，失去的權力要再奪回，比登天還困難；不如在開頭謹慎著不多攬權力，以免失去時連一生所累積的「智能資本」都一併賠掉了。

能趨疲倘若到達臨界點，那麼地球就會變成一片死寂；同樣的道理，做事到

徹底的筋疲力竭，也會因為透支無償而崩解。既然這樣，我們不妨仿效時下的流行語，逢人就問一聲「你熵了沒」，相互誡告不要陷落。

16 給個瀰

感冒過的人都知道，病毒在傳播時是有縫隙就鑽，遇到合適的寄主就會讓你中獎，而一旦被感染了，就可能跟你好一陣子，直到你的免疫系統吞噬它為止。

相仿的，在文化領域也有一種叫做思想傳染因子的「瀰」（meme）。它是《自私的基因》作者道金斯所提出的，試圖藉它來說明文化基因的傳遞情況。這種瀰雖然不自私，卻會像流行病一樣影響一個又一個的人。

早一點的，如基督教的博愛、佛教的慈悲、儒家的仁道和道家的逍遙等，都凝結成極為堅固的觀念，橫向、縱向的進駐人心，久久不歇。而晚一點的，像愛因斯坦的「能量等於質量乘以光速平方」的 $E=MC^2$ 公式、佛洛伊德的生理欲望遭壓抑變成潛意識的理論和資本主義學家的刺激消費就可以締造經濟奇蹟等，也都風靡了一個世紀，沒有人不凜於它們的威力。

回過頭來想想，人活著不就是要創造一兩個瀰，寄望它能夠流傳，好滿足自己的權力欲壓！因此，瀰來瀰去，就成了精神世界的現狀；它永遠都以等待新奇的欲求，在渴盼著我們生個瀰給它再起風潮！

前幾年很流行的藍海策略，要人「不去競爭，而去開發新的市場」，其實也正預告了每個瀰的創設，不是要在跟其他觀念瞎碰來圖存活率，而是尋隙去找機會自我脫困。因此，當你有能耐給個瀰後，接下來就是要想市場在那裏。

17 魔術思維

看人變魔術，明知道他使用障眼法，卻苦於抓不到破綻，最後常以「驚呼神奇」收場。可見魔術是一種娛樂人的高級騙術。

這種騙術，跟通於靈界而得到的魔法不同。魔法在展現時，如果不是刻意作假，那麼它一定是真的；而魔術一開始就有意造假，目的在騙取別人的好奇和謀取所要的利益。

以前有一位張姓特異功能人士，從海峽對岸應聘來臺表演隔空抓藥。當時有懂魔術的人到場踢館，說她根本沒有藥師佛加持，只不過是耍耍魔術而已。

由於她違法醫療，被請去警局偵訊。經過一番折騰，讓她狼狽不堪，草草結束在臺行程回家去。因此，大家也就沒有機會進一步檢證魔法和魔術的分際。

從魔術的偽裝神奇性來說，它的背後是有一套思維的。這套思維，源自西方，屬於低一級次的仿效上帝造物作為。整體的思慮是這樣的：凡是仿效上帝造物不成的，就會去發明技法騙人（娛人）；而凡是用技法騙人的，都是魔術。再細微一點的，就到了玩魔術的人的現實需求：凡是變不出新花樣的就會玩魔術來吸引別人；而某人變不出新花樣；所以某人會玩魔術來吸引別人。顯然魔術思維的可看性，就在它強出成就而不得不走上作異好奇的道路。

只要稍微有點自覺的人，都會焦慮於締造成就來贏得尊嚴和顯示存在的優勢；而靠魔術炫奇的人，也是在同一種焦慮範圍，我們沒有理由說他們專靠騙術謀利。只是我們可以再深入的想想：魔術變得再神奇，終究不及真能創新立異的人，相關的聰明才智何妨致力於此。

18 趕流行

幾乎每隔一陣子，就會有新的事物產生而被仿效推廣，形成所謂的流行文

化。像名牌、蛋塔、偶像穿著和運動明星的髮型等，都很容易造成一股風潮，強颳所在的淺碟子社會。

大體上，沒有能力創新主導風尚的人，才會以趕流行來撫平心中無法跟人家競比的缺憾。而這當中所見的模仿行為，除了會像野火燎原那樣熾烈，還會發展出假冒的山寨文化。

作家柯歐屯說：「模仿是奉承的最佳形式。」這是指西方人模仿上帝造物的情況，柯氏把它歸諸都是為了奉承上帝，此外就找不出更好的理由來解釋那種行為。但這在東方卻往往只是基於賺錢一類的考慮，二者不可以道理計。

這樣趕流行在東方社會出現時，就少了一個精神目標，而全然應了小說家巴爾札克所說「你可以模仿，但絕不能製造贗品」這句話的反面：就是以趕流行而藉機造出贗品來大撈一筆。因此，流行文化所摻雜的是人的物質欲望和不辨人生方向的零和遊戲。

早期臺灣工業剛起步，走的是這條不光彩的道路；後來工業升級，電腦、資訊和生物科技的產值增加，但大多還停留在代工階段，也不過是新一波的趕流行風潮。晚近中國大陸的山寨文化竄起，彷彿是臺灣早年的翻版，但也已經慢慢的要追趕上來，海峽兩岸都在迎向一個不定前景的未來。

西方人所布局策動的全球化，讓很多缺乏主見的人莫名其妙的猛趕流行，不然就恐怕會被視為落伍！這種心態，不知道要多久才能扭轉過來，但可以確定的是你從此不再自由自在。

19 補

平常所見的補習課業、進補身子和修補感情，案例多如牛毛，顯示現實中有許多缺憾，必須給它們補一補。以至「補」就成了一種強化邊際效益的手段，永遠在向人暗示：「不夠、不夠！還要再添加一點。」

可是很弔詭的，所有的補例往往是「越補越大洞」，到頭來當事人無不大嘆：「補不勝補，乾脆不補了！」然而，沒多久卻又繼續補，還一邊補一邊罵：「這是什麼世界！」

如果要問「這是什麼世界」，那麼可以這樣回答：「這是一個凡事參差不齊，而且沒人同情你不如他人的世界！」因為總有比自己強和比自己多得權益的人在威脅你的存在，所以才要以補來求速效，期待不必經過腳踏實地的努力，就可以趕上別人。

在這種情況下，補一事很容易就會非法偷渡，變成不必認真「下工夫」的代

名詞。因此，我們會看到補習班如林，卻沒幾個人用心在念書；飲食療法如雨後春筍般冒出，卻少見運動人口增加；知道要彌縫感情的人多如過江之鯽，卻罕遇真心懺悔的案例。可見不補沒事，補了反而不妙！

富蘭克林說：「人類絕大多數的苦難，都是源自對價值的錯估。」以為補就可以改變處境的人，不也在錯估一種價值嗎？合該他要經常活在不補就沒有希望的心理折磨中。

那麼不補後又怎樣？還是要補。只是這種補不是求僥倖的補，而是真積力久拚實效的補。換句話說，它是為了補更加真才實學，而跟只為探取眼前利益的強補有別。

20 悲劇與喜劇

當你很想得到的東西卻得不到或意想不到的東西卻得到了，我們會說那是人生的悲劇或喜劇；而悲喜劇輪番上演，似乎就成了一種常態，每個人都會在「不全然可喜，也不全然可悲」中獲得命運的公平對待。

也許有人不認同這種「公平對待」說，而舉的例子多半是某某特別乖舛或生不逢時或老是被人擋路。這容或有其事；但別忘了，只要活得下來的，就沒有什麼值得同情的地方，因為他如果沒有得到一些好處，也不會想要活著。

比較需要擔心的是，當一個人得到好處時，他會不會喜形於色而反過來瞧不起別人。就像有些富人瞧不起窮人或當上高官瞧不起平民百姓或有了學問瞧不起無知無識，這很容易再額外製造一些悲劇而讓人間充滿著不平之聲！

蘇伯著《電影的魔力》書中提到「一個人的喜劇，往往是另一個人的悲劇」，不啻傳神的點出了上述那一人為的不平現象。畢竟會自覺成了喜劇主角的人，多半已經把別人踩到悲劇裏去，他的獲得是以別人的失去為代價的。

英國作家沃波爾對悲劇卻有另一番看法：「習慣動腦的人，人生是一齣喜劇；習慣感情用事的人，人生則是一齣悲劇。」這明顯是要告訴人，悲喜劇全是自己惹來的。

倘若是這樣，那麼有關悲喜觀就得再作一些修正：能自我涵養到不以喜劇為喜，也不以悲劇為悲，就不必再深陷在悲喜劇間無謂拉鋸的泥淖，而可以把勻出來的心思去開創新的機會。

21 參質共振

混沌理論最常標榜的「蝴蝶效應」，說到「只要在開頭輸入小小差異，很

快就會造成南轅北轍的結果」。而這種簡單的數學方程式，被形容成像瀑布一樣粗暴難料的系統，或者直接比喻為「甲地一隻蝴蝶振動翅膀飛舞，很可能造成乙地的一場大風暴」。這雖然還有「誰能輸入那一小小差異」的疑慮存在，但整體上已經可以用來解釋許多事物。

好比在蝴蝶效應的過程中，會有所謂的「參質共振」現象，它就很能藉來發揮作用。像在公共場合，只要有一個人打哈欠，其他人就會紛紛跟著打哈欠；而在同一輛公車內，有一人講手機，馬上通話聲就會此起彼落，顯然它們都是參質共振的結果。而這還可以引來理解選舉投票行為、流行風尚和劇院鼓掌舉動等。

不好的仿效風暴，如趁火打劫或山寨文化，是參質共振的產物；好的創新潮流，如文學、藝術的開展或哲學、科學的更迭，也是參質共振的產物，這都無法不從同一個角度來看待。因此，杜絕不好的仿效風氣和鼓勵好的創新潮流，就只在留意開頭那一「始作俑者」和「最先立者」，他們都會把世界帶向不可測度的境地。

如此一來，我們自己究竟要不要成為「振人」或「被人振」的那一角色，也就有譜了。換句話說，做好事和做不好事，會影響很多人，抉擇就在自己；而被感染做好事和做不好事，也會受到很多人影響，把持得住與否也在自己。想清楚

了再決定，就不會後悔而遺憾終身。

22 短

物短被人嫌，人短被狗嫌，狗短被貓嫌……這條屬「短」的遺憾的普遍律，還真令人不得不警惕在心！換句話說，一旦落入短物一族，除非你很爭氣，闖出一番名堂，不然就會接收不完別人輕視的目光。

自然物是這樣，但人造物就未必如此。好比有些短製能恰到好處，而常予人驚喜不置！像有一首不知作者的〈蓮霧〉詩「嚇！好大的肚臍眼兒」、一則不知作者也沒有篇題的奇幻故事「他醒來的時候，恐龍還在那裏」和美國著名小說家布朗的一篇科幻小說「地球上的最後一個人獨自坐在房間裏，這時突然傳來敲門聲」等，它們都只有短短的兩句，震撼力卻非同小可。

此外，像田徑短跑、棒球短打、籃球短傳和高爾夫球短距離推桿進洞等，還會有一種瞬間成功的張力給人帶來莫名的興奮，這也都是人為的好短樣。

其實，自然物不見得「凡短都是缺憾」，也有越短越迷人的情況。如曇花一現、流星一瞥、湧泉一瞬和春光一朝等，都能讓人粲喜久久！但這也跟人為的短

製表現一樣，只取菁華而不拖曳其他。

由此可見，短有兩極端：平凡的短是殘缺，不平凡的短是極品。而衍生開來，短視、短志和短於謀生等，都會遠離社會所給予的溫暖；而話短、不道人短和短於耗能等，則能常保存在優勢而贏得好名聲。這全是緣於短而來的效應，值得人比較深思。

23 龜兔賽跑熱

「龜兔賽跑」的故事，出自古希臘時代的《伊索寓言》。裏面安排了一場「不對等」的跑步比賽，卻意外的由跑得慢的烏龜獲勝。這結局常引發人想要改寫它，並且出現各種版本，但最後都決定讓烏龜再贏一次。

像這種「讓烏龜再贏一次」的改寫法，大多源自現實社會有太多類似的弱者「值得憐憫」，而對先天跑得快的白兔，相對上就比較缺乏「同情的了解」。

其實，這則故事裏的兩種動物，分別象徵著白人和有色人種，結果是象徵白人的白兔輸了，不啻隱含有白人「種族焦慮」的集體潛意識。倘若改寫者執意要讓烏龜再贏一次，那麼回到現實，他就得有辦法一併在心理防備上不讓白兔惱羞成怒；否則白兔一定會想盡辦法阻絕對方得逞，到頭來吃虧的很可能是烏龜。可見改寫者還得「善盡告知」的責任，才算處事周到。

這並不是說「一旦成為烏龜就沒有希望了」，而是說「既然身為烏龜就安於當烏龜」，而不必一天到晚想著要去跟人家強項比能，因為那不但自己變不成白兔，還會連自己的本事也荒廢了。

當今許多人忙於補課業、學才藝和研究致富的方法，都是感染了龜兔賽跑熱，以為只要不懈怠就有可能僥倖超越跑在前頭的人；但實際上卻是機會很渺茫！可見龜兔賽跑熱的背後，正有一股簡易化思維在氾濫著。

如果要冷卻這種龜兔賽跑熱，那麼向內挖掘自我專屬的長才而予以淋漓盡致的發揮，就成了不二途徑。

卷 九

種心

生活就像個蒸氣鍋，壓力來自四面八方。熬得過的人，在鍋蓋掀開的剎那，才能呼吸到新鮮的空氣，否則很容易就葬身鍋底。

＊卷九　種心

1 貪婪的悲歌

如果要從人性中選出一項恆久不變的特徵，那麼「貪婪」可能會脫穎而出。其他如高格的德行或偶見的殘酷，都只是在境遇中出現，不像前者如影隨形且日思夜夢不輟！

這全源於人有「競爭意識」的緣故。從小就知道搶玩具、爭寵和預防別人超越自己；長大後，則接著貪圖功名利祿、渴望愛欲親情和希冀有點成就來讓自己不朽，這些都不可能在動物的世界裏一一的連結演出。

但也因為這樣，所以就註定人要自譜挫敗、不足和悔恨的悲歌！由於競爭對手多，不可能經常獲勝；而稍微嚐到甜頭，就又開始妄想蛇吞象；至於有時看到對手倒下或自己老是時運不濟，情懺懊惱不迭那就更不在話下了。

這麼一來，貪婪和悲歌就成了一體的兩面，永遠在「互襯」或「辯證」人性的動向。這可能是作為人最無可奈何的事！當中可用來延緩墮落或提住一點聖潔高貴感的，也許是自我收斂節制的權衡能力。

好比「偉大的丑角總是用一隻眼睛笑，而用另一隻眼睛流淚」這句卓別林的名言所暗示的：一個丑角如果兩隻眼睛都用來流淚，那麼他就當不了丑角；而一個丑角如果奢求兩隻眼睛都可以笑，那麼他就無緣晉身偉大的丑角（不會表演太投入）。以至如何拿捏分寸，也就成了扮演丑角的人最大的考驗。同樣的，我們要衝刺人生，豈能沒有這種深自裁奪的智慧？

2 心的寬度

長寬高三維，加上時間四維和光線或聲音五維，人所感受最直接見效的是寬度。也就是說，長度、高度、時間、光線或聲音等，都不及寬度所給人立即的窘迫或朗闊的感覺；以至我們面對寬度就像物品要進入容器一樣，稍有滯礙就會無以自處。

從這點來看，我們的心是不是也應該有可以丈量的寬度，才知道有多少東西已經被我們所接納或摒棄。而這無疑的是一道考驗題，也是一種難以不去思量的涵養；它發用可以容天容地，也可以無有可容，全看我們拿什麼樣的皮尺對待。

二十世紀上半葉，歐陸許多國家歷經納粹、法西斯和共產國家的統治，有才能的哲學家、科學家和藝術家等，不見容於自己的祖國而紛紛逃到美國，造成美國現代前衛文化的大興盛。把這比喻人，顯然它拿的是特硬的皮尺而將心門大力

的撐開了。

一個國家可以如「海納百川」，而人為什麼不能「大肚能容」？這一容，奇異、譎怪和魔幻等事物，統統會進駐心靈而成為富華人生的交響曲；甚至過去有人從菲律賓瞬間位移到墨西哥，或者像鐵達尼號獲救的船長和一名女子，因受重力牽引「過了八十年，卻以為沈船不過是昨天事」，我們相信它們可能，世上就沒有什麼不可能的了。

這樣的心的寬度，就可以反轉盧梭的話「人生而自由，但卻處處都在枷鎖之中」，因為我們主動鬆開了那些枷鎖而重返徹底的精神的自由。

3 移情

兩個雙胞胎姊妹跟著母親到玫瑰花園遊玩。在自由活動時間過後，作姊姊的搶先回報：「我不喜歡這裏，這裏的每朵花下都有刺。」作妹妹的隨後回報：「我好喜歡這裏，這裏的刺上都有花。」審美心理學所說的移情作用，在這裏得到了印證。

這種移情作用，可以想像最基本的是「移情於物」，正如上述那對姊妹把她們的好惡都移到玫瑰花上；其實物自物，根本不染什麼好惡情緒。

相傳蘇東坡有一次看佛印打坐，也裝模作樣的學打坐。不一會他就忍不住問佛印：「你看我像什麼？」佛印說：「你像一尊佛。」蘇東坡面露得意的笑。佛印反問他：「那你看我像什麼？」蘇東坡噗哧的笑出聲，說：「你像一堆糞！」佛印沒講話。蘇東坡回到家，很自得的告訴他妹妹這件事。他妹妹聽後慘叫一聲：「完了，你全輸了！」蘇東坡納悶不解，他妹妹說：「人家滿腦子是佛，所以看你也是佛；你滿腦子是糞，所以看人家也是糞！」這是移情於物在深層次會有的作為：也就是將自己的觀念一併投射上去。

此外，還有「移情於己」一環，只是常被忽略。好比義大利某城市有一條法令，禁止人們把金魚養在弧形玻璃缸裏，因為那會讓金魚看到扭曲的人。這表面看來有點荒誕，實際上正是懂得移情於己的表現，避免人過度的「自我中心」或「妄自尊大」。

最後是「移情於情」，這難度更高。它是從後設思維的角度對上面兩種情況作一有利的抉擇；免得流於「淺情」或「濫情」，而壞了移情應有的優質審美感性。

4 歷史鏈

過去的史學家，普遍認為歷史是一條時間流，存在當中的事物都有因果關係；現在的史學家，受到後現代解構思潮的影響，已經改變想法而視歷史是不連續的，最後去補綴出一段歷史的人都別有用心！

這種歷史觀念的轉變，自有知識生產典範更迭在背後起作用，究竟有多少人受用，很難評估；但從許多人一直在探尋生命的軌跡這點來看，要說到他們會放棄時間序列的執著，恐怕就「言之過早」了。

如果要作比喻，前現代的歷史觀有如一條長鏈，而後現代的歷史觀則形同剪貼簿，二者的差別在：一個想把它「深度化」；一個想把它「淺薄化」。但不論如何，我們都活在歷史裏：有連續感的人可以活得久一點；而有斷裂感的人則隨時會灰飛煙滅！

當代一些詮釋學家，習慣說我們的生命是以時間為坐標，而過去、現在和未來是不可分割的整體；我們想展望未來的道路，就必須透徹了解過去所走過的每一腳步。因此，歷史的終結是不可能的，也是無法想像的。倘若真有歷史的終結，那麼表示現在也失去了；而失去現在，也就失去了我們自己。顯然他們不希望歷史的幻滅奪去人生存的勇氣。

也許後面這種觀念曾繼續主導著歷史的進程；而我們想輕鬆一點嚐受沒有流動感的人生，可能也停不了多久，終究會被記憶所促動而改向追求新生活。這樣斷裂感過後連續感接收，其實也是一件滿有變化而可以增加思考空間的生命體驗。

5 構思一本書

要當普通人的人，自然不必有什麼作為；不當普通人的人，就得想辦法有所作為。而有所作為，又以構思一本書為最起碼的條件。這本書可以是手工製作，也可以是正式出版；當中又以正式出版最能顯現自我努力的程度和品質。

臺灣有個叫多多的小男孩，五歲就出版了一本《我五歲，我的英文比你行》；而十歲的雙胞胎兄弟于立安和于立宏，則共同製作了圖文並茂的中英文對照小說《烏格伯大學》，已經被出版商相中。在中國大陸，也有一個九歲作家陽陽，他的魔幻小說《時光魔琴》，版權被美國一家投資公司以十五萬美元買下。他們都懂得書的魅力，正在跟生命作最深最美的連結。

雖然如此，構思一本書的方向，也不見得都是平常所見的那種「一個樣

式」。像有一本書厚達三百頁，書頁倒裝，讀者要一邊用美工刀裁開一邊看，它的書名叫做《讀下去，星期二你就登峰造極》，很酷！如果這還不夠前衛，那麼薩波塔的小說《第一號創作》，以一百五十張撲克牌構成，供人隨機取樣而不加裝訂，就頗有「你也可以一試」的誘惑力。

世界上最特別的一本書，是非洲剛果一家書店賣的，它只在人的手掌寫出；買書人讀完了，不再需要它的時候，還可以去書店用褪色劑抹去，換上新書。要構思這樣一本書，得先練就三頭六臂，才能想出最與眾不同的點子。

6 種心

人大多喜歡蒔花植草，弄個盆栽，闢個園圃，把自己深愛的東西種著慢慢欣賞。這種雅好，嚴格的說只是戀物過頭，還搆不上真有品味。

真有品味的人，是要種心。這類心，不論是儒家的仁心，還是佛教的菩提心或慈悲心，或是基督教的愛心，它一旦「種」進去了，就很可能在裏面孳長，直到你忘了「施肥」或「自我放棄」。

當然，要種的心可以很多樣。像小說家巴爾札克在書房掛著一幅沒放東西

的畫框，朋友問他原因，他說：「你相信嗎？我只要用點想像，世界上的任何名畫就會出現在那框裏。」這是獨特的審美心，遠非只懂得看實畫的人所能相比。

還有，「沒錢，越要注重品質」和「復仇這道菜，最好等冷了才端上來」，這分別為笙堡《窮得有品味》和蘇伯《電影的魔力》書裏所說的話，如果有人夠此條件，那麼他所種的就是自適心，可以優游世界而無所慚悳。

通常我們都會嫌別人礙眼或粗鄙不堪，但那裏知道別人也會這樣看待我們，以至天底下沒有什麼可以讓人感到真正的順心如意。這大體上都是種花種草派的，永遠都在想著「換個品種」可能會更好。

倘若是種心，那麼自己栽自己收成，它就會逸離對物的勢必嫌惡階段，而向自我品格的不斷提升邁進。最後因為不必跟金錢扯上關係，所以也一併避免了銅臭味的糾纏。

7 聒噪病

嘰哩呱啦講個不停的人，彷彿多長了一張嘴巴。他們如果不是生來要聒噪這

個世界，就是不甘寂寞或怕被人遺忘。而這個社會，像這種無法管控好自己的人還真不少。

聽說有位國中老師為了防止噪音氾濫，叫學生含奶嘴上課。那場面一定很可觀，至少那些被降低年齡層的人，會彼此暗笑自己成了那幕傑作的主角。而這比起我曾目睹的另一個全班被罰戴口罩的場景，似乎有創意多了。

但不論如何，這都只能治標而無法治本。患了聒噪病的人，總會覺得世界太沉靜，沒有他們的話語來點綴，就會少掉幾分生氣。因此，唯一治本的方法，就是讓他們知道世界已經快要被噪音淹沒而死，只有閉嘴才能拯救它。

想想自然界的風疾雨驟、鳥鳴蟲唧，也無不是一片噪亂；尤其那從初春響到秋末的蟬叫，常鼓得人耳膜發燙！人既然自詡為萬物之靈，當然也不能輸給那些天籟地籟。只是這麼一來，我們就難以想像佛教所說的「絕對的寂靜境界」是如何可能的，因為現實中大家都一逕在用發聲證明自己的存在。

或許拯救世界只會徒然，而人聒噪成習也無從矯正，那我們還要活下去，只好夢想有一支仙人棒，點了冒出來的音符，然後渙散消失；不然就繼續跟它糾纏，試著習慣，久了可能會反過來喜歡上它。

8 題字的心情

綠島有一家冰店，名叫冰獄，布置得像一座監牢，並且牆壁、桌椅和窗框等都被顧客題滿了字。有一年夏天，我和一羣朋友旅遊到該店，興起找到一張椅子，在椅腳空白處為它題了一副嵌字聯：「冰隨海象涼綠島，獄剩人潮熱朝陽」，事後心情百般複雜。

平常看人在風景區「亂」題字，或某些建築物上的「醜」題字，總有不舒服的感覺，如今才知道那些人為什麼「不得不題字」了。也就是說，題字未必是「留名情結」在作祟，它也可能是「我有話要說」所導致的。正因為有話要說，所以不顧及其他就題字了。

想當年李白行經黃鶴樓，眺望四周的景象，正要「一吐為快」時，發現已經被崔顥捷足先登題了一首〈黃鶴樓〉在上面，突然感慨的說：「眼前有景道不得，崔顥題詩在上頭！」隨後只好跑到鳳凰臺去題詩。這也很讓人心動！

如果你問他們為什麼要競相在亭臺樓閣留字，那麼恐怕他們也會回你一個「就是要題」的答案。尤其對一個旅人來說，簡直無法原諒自己竟然毫無所感，以至得有一點表示來證明「我真的到此一遊」。烏吉斯的詩不就說了：「總有／一些旅行／滯留在夢中」，只有題字或題詩，才能暫時把旅行趕出夢中，而騰出

心房再去迎接另一度的旅行。

只是所題的東西如何確保它的品質，必須再列入考慮的範圍；至少要能感動人，讓大家瞧見後除了提高遊賞的興致，還能有「不虛此行」的感覺。當然，這不一定要實踐，留在心中就好；尤其不能汙染環境。

9 框住秋天

一年四季中，春天多雨，夏天燠熱，冬天寒冷，只有秋天較為乾爽。前人有所謂「秋風秋雨愁煞人」的說法，那只發生在北國；地處亞熱帶的臺灣，秋天是最宜人的季節。

對多愁善感的人來說，秋天多少會有的一點蕭瑟氣息，還是足以引發他們惆悵的心情。除了少數可以「停車坐愛楓林晚，霜葉紅於二月花」而賞盡秋天紅遍大地的美景，其餘大概都會被逐漸肅殺冷凝的氣氛所圍困。

尤其是聚散離合出現在這個季節，能不凜於「寒蟬淒切，對長亭晚」而感慨萬千的究竟有幾人？最後即使是「但願人長久，千里共嬋娟」而寄望於異地相思，但也因為良辰會不再，空留遺恨！

此外，秋天的即將歲末特性，也會令人發出「未覺池塘春草夢，階前梧葉已秋聲」的十足的嘆息！彷彿心境在進入冬眠前，最知道掙扎；而掙扎過後，又是一片迷惘的等待。

這麼說來，秋天的宜人性質，似乎不及它所帶給人種種的感懷那樣凸顯。但又不然！它距離「食盡鳥投林，落了片白茫茫大地真乾淨」的冬境還有一點點遠，把握住了仍然有盡情復甦的空間。

好比有人提到「秋風如煙如薑芥」，就帶有辛辣的激勵味足夠讓人耽戀一陣子。而這比起悲愁的論調，又不知高明多少！

因此，框住秋天可以「想很多事」和「幹很多活」，這都是緣不以秋天為塵心將盡而來的洞見；穩穩的迎向它，生命就不會遭到褻瀆。

10 壓力

生活就像個蒸氣鍋，壓力來自四面八方。熬得過的人，在鍋蓋掀開的剎那，才能呼吸到新鮮的空氣，否則很容易就葬身鍋底。

雖然如此，讓鍋內的水燒沸的火，未必是別人給的，也可能是自己加的。自

己給自己加壓，然後控訴活不下去，的確很弔詭！

美國前總統柯林頓說：「緊握拳頭其實是無力的一種表現。」因為自己無力抗衡強權而緊握拳頭來虛張聲勢，形同自己嚇自己，根本撼動不了對方，當中的恐懼壓力豈不是自己給的？

倘若要抗衡強權，在平常就得培養本事，而不是臨時面對了再窮緊張。就像《臥虎藏龍》影片所提示的「把手握緊，裏面什麼也沒有；把手鬆開，你擁有的是一切」，有能耐把手鬆開擁有一切的人，本事不夠是辦不到的。可見紓解壓力的良方，來自長期的儲備應變才能，而不是以慌張的壓力去碰先前的壓力。

一般會嚷壓力過大的人，如果所期待的是像存在主義學家法蘭克所說的那樣「人們最後的自由，就是無論在任何處境下，仍然能選擇自己的態度，選擇自己面對的方式」，那麼沒有壓力後的自己，可能會回過頭來造成別人的壓力，這就有違爭取自由的美意。

爭取自由而擺脫壓力，最高境界應該是作家摩里森所說的「自由的功用在於解放他人」那般；它以高度的同情原諒別人施壓給自己，而影響對方也以同樣態度去寬恕給他壓力的人，彼此才能雙雙放下而獲得真正的自由。

11 感性萬歲

當一個人得理不饒人且斤斤計較時，我們會說他太過理性而不通人情。本來人際關係要有點足以使人發笑或沉吟的激情潤滑劑，才能保證它可以運作良好，而這所依賴就不純是理性，還有感性。

感性被理性壓迫的例子，如一位吳姓前中央研究院院長，在受訪中表示他向來都不看小說，因為小說的情節纏來繞去，看著就厭煩。他是物理學家，把線性的理性思維加在非線性的感性思維上，終於得出小說不值一顧的結論。理性至上，使他失去了許多樂趣。

但這還算好的，最糟糕的是連感性的存在都不承認的理性偏執者。就像有一個學識良好的醫師，公然的宣稱世上沒有「意識」這種東西，因為他解剖了很多人體，都沒有發現所謂的「意識」！這一說法傳出後，不知道傷了多少人的心。它解剖不到意識，當然也不可能再解剖出感性，而這鐵定會讓擁護張潮所說「情之一字，所以維持世界」信念的人恨得牙癢癢！

從經驗來看，如果沒有感性，文學、藝術就創作不出來，而哲學對事物的驚奇和玄想也無由切入；甚至連科學對浩瀚宇宙的創意想像都會受阻。這不是說理性不好，而是說理性在應世上理當延後一點發生；否則就會徒然製造緊張氣氛。

正如一隻螞蟻爬在手臂上，感性豐富的人會想「牠是在尋找遺失的一塊糖吧」；而理性過盛的人則可能把牠甩掉或捏死以免礙事。因此，常保感性，這個世界就能減少不必要的爭鬥和殺伐。

12 啟蒙

只要有不開竅的情況，我們就會說那有待啟蒙，正如草木還沒萌芽一樣。而一旦啟蒙開竅了，整個人就能逐漸脫離凡胎而身為異類。

這段啟蒙的過程，不定長短；有的人早慧，有的人晚成，都要看機緣。換句話說，如果有刺激源，而自己也特能領悟，那麼很快就可以變成另一等人；反過來，沒有刺激源，而自己也魯鈍不堪，那麼想換個身分就比登天還難了。

啟蒙在西方世界被提到時，特別是指人的理性或自主意識的孳長，為的是要擺脫純感性的野蠻狀態或為神意志所籠罩的非自由困境；而在東方，並沒有那麼複雜，它只不過是指要從童蒙轉向有德能的成人而已。因此，當啟蒙的課題形成後，東西方人就走上不同的路。

好比諾貝爾化學獎得主鮑林和思想家卻斯特頓分別說的「要得到一個好構

想，最好的方法是有很多構想」和「如果一件事值得做，那麼就是做壞了也無妨」，這類勤於嘗試錯誤的觀念，就不可能出自東方社會。而東方人如果不能「一次成功」，那麼他想獲得別人同情而讓他「再來一次」的機會，就很渺茫。

雖然文化的交流已隨著全球化的腳步越演越烈，但對於某些基本的想法還是鬆動得很有限。國人倘若想從一貫的小心翼翼行事，以見「被集體有效的啟蒙」，反向去追逐西式的勇往直前而顯現「特知自我啟蒙」，那麼他就得先為自己預想好可以發揮的空間才行。

13 不悶爆的方法

生活過得百無聊賴或極度不耐的人，當今流行一個說法，叫做「悶爆」（boreout）。而悶爆，也多半跟懶惰有關。也就是說，只要你懶於改變太過常熟的處境，很快就會變成悶爆一族。

本來人無緣無故或不知所由的被拋擲到塵世間，就是一大悲情；而要懂得享受悲情以此為戒，才不會被悲情所拋棄而始終停留在不知奮起向前的階段。

但悶爆的人苟活於世，卻形同是在給自己製造二度的悲情，因為這是自己惹來的，已經沒了可以「惕勵自己翻身」的悲壯美感，所以也不再引發同情，最後生命的消失就像枯葉掉落一樣無聲無息。

黑澤明導演的《生之欲》影片，男主角渡邊勘治當了三十年公務員，也悶爆了三十年，換來的是無藥可救的末期胃癌。這一嚴重打擊，起初讓他十分的徬徨無依；後來在偶然間遇見離職女員工就任新職做玩具兔的快活樣，刺激了他從新燃起要在還有一口氣時「做點有意義的事」的意願。結果經過他多方的奔走協調和請託，終於促成了一座兒童公園的誕生。

這種生的欲望，理應不是好的示範，因為那是耽誤了太多時光所換得的。倘若能早些覺悟，就不必到了生命終點才來窮著急。雖然如此，這種示範也帶出了一種有效的不悶爆的方法，就是「沒有遺憾的過活」。

沒有遺憾的過活，其實說容易做困難；如果沒有看準投入，到頭來還是會白忙一場。因此，像洋片《心靈捕手》中極力強調「你到底要什麼」的詰問，仍然會考驗著每一個亟於走出自己的一條路的有心人。

14 偶像情結

依理我們心裏少了偶像，就沒有對照點，也就不知道怎麼過活，所以深懷偶像情結並不是什麼壞事。但話說回來，當偶像情結掩蓋我們自己的努力意志時，就會變成一種障礙，阻絕我們前進的步伐。

不讓偶像情結壞了我們做自己的辦法，其實也很簡單，只要把自己想像成單騎奔馳於原野，如古人詩所說的「不用揚鞭自奮蹄」；或者將生物學家亞寇所點出的「每個細胞的夢想，是變成兩個細胞」取來類比，讓自己不斷衍化生命和延伸成就。這是經過高度用功後所自然流露的，不會被取代，我們就真的能夠挺立於天地間。

黑人女作家海利說：「每個人的辭世，就像是燒掉了一座圖書館。」這顯然是在讚美那些飽學之士，他們不斷獨立自主的充實學問，最後都成了一座座的知識寶庫，因此他們的離去就變成世界的遺憾。而在這個過程中，根本不會有偶像問題出來攪局，那些飽學之士如果整天羨慕別人的才學而荒怠於付出心力，別說成就一座圖書館，恐怕連門都沒有。

不過，當一個人飽學了，可能會目空一切，反要別人把他當成偶像。這種違背棄絕偶像初衷的矛盾心理，也許要靠稍微添加的方式來緩和。也就是說，至少

把讓你佩服的人定成兩個：一個是自己；一個是還沒有出生。這樣你就會謙沖以對世事，一來相信後生可畏，一定有比自己強的人；二來也比較不會奢望別人都來崇拜你。

15 專一

「平生不做無益事，一日當三日」，能說這話的人，肯定不是大學問家就是大發明家；他們把所有的時間和精力都投注在學問和發明上，還唯恐時不我予而整天想活出兩人來。

倘若先撇開天生的智能，只就後天的努力來說，這些想活出兩人來的大學問家或大發明家，一定有某些過人處，才成就得了所謂的「大」家。而這當中的關鍵，可能就在「專一」上。

拿破崙曾經發出豪語：「我成功，是因為我志在成功。」這不啻可以給專一作極好的印證。而大體上，那些「大」家大概也是這麼想的，於是他們就比別人搶先踏上成功的道路。

當年有人問牛頓是怎麼發現地心引力的，他回答說：「靠著念茲在茲。」

這「念茲在茲」，就是專一的代稱。可見牛頓這位大發明家，不是坐在樹下頭頂挨了一顆蘋果而成就的，平常不知道已研究過多久才得出地心引力的結論。

至於專一究竟是如何可能的？葛拉威爾《異數》書裏提出了一個相近的解答：「真正的專精，必須經過一萬小時的錘鍊。」此外，還要很清楚自己是為了什麼而專一。像瓦勒里所說的「未曾想過要成為上帝的人，比人更為低下」，這就會激起他奮發向上而專一於從事可以跟上帝造物相比的志業。其他人如果想要領受專一後成就的滋味，那麼這種目的設定就無比重要。

16 囚

依口部造的字，都帶有緊張性。像困，樹木被圈住了，就不可能長得好看；因，人在密閉的空間裏伸展肢體，可以想見會很侷促；園，種花草還加上圍籬，似乎很有秩序，其實生機已經被扼殺了。可見從口構字的背後心理，有對人為的區劃或間隔的無奈和隱痛。

當中有一個「囚」字最為特別，它表示把人困在四周加柵欄或鐵條處，他就無從逃逸。而所以會這樣，可能是他犯罪被關，也可能是他遭受私刑，更有可能

是他自我拘禁。前二者，屬不由自主；後者，則為事出有因。

所謂的事出有因，約略可從三方面來看：

第一，當事人也許是個禁欲者，特殊信仰促成他把自己禁制起來。

第二，當事人也許是因故在閉關自省，時間一到他就破繭而出重生。

第三，當事人也許是一切都看開了，不在意困處狹窄的環境，外表好像是自囚，內裏則可以通古今中外。

不論那一種情況，都不是壞事。顯然囚字含有兩面意義：非自主時是自己有問題被剋；自主時是自己想要開闢新路徑。而就人有自主能耐來說，必要時走這條新路徑，可以確保比較純化的人生。

相對的，那些不願自囚的人，一直將自己深陷名利塵網中，他的生命是得到延伸奔放了，但同時也有相當程度被人牽制而不再能由自己掌控。

後面這種情況，也形同被囚了。凡是被囚的人，都不了解自囚的精義。由此可見，只要衡量利弊得失，就會發現「自囚」一定比「他囚」好。

17 水仙主義

太過自戀的人，可以稱他為有「水仙主義」情結。而相對於毫無主見或本事的粉絲來說，有水仙主義情結的人，則又顯得過於狂妄自大。

原來在古希臘神話中，美少年納西梭斯不接受一名少女的愛，讓對方過於悲慟而亡。復仇女神為了懲罰他的孤傲和絕情，就施展法力迫使他迷戀自己在水中的倒影，直至溺水而死。天神同情他的遭遇，把他化為水仙花，並以他的名字來命名。

這則神話演變到最後，好像在鼓勵自戀，其實不是！它只不過是對孤絕者的哀悼；叫他作水仙花，當中的水仙則又帶有「只能當水中仙人」的譏諷意味，因為他已經無法在地上或天上為仙。

從某方面來看，自戀並不是什麼壞事，它除了可以用來潔身自愛，還不會跟道德有虧欠的人同流合汙，算是自成人際關係中的一股清流。但自戀的潔癖性，卻很容易自築防線，阻絕跟他人的互動和合作，而釀至另一種「不通人情」的緊張局面；尤其是自戀者所堅守「在這個世界上，我從來沒有遇見過別人，我所遇見的是我自己」的信條，很可能轉成排除異己的手段，到頭來人間會多了一處征戰場！

如果說當粉絲是沒有志氣，那麼自戀就是太有志氣到「不許別人有志氣」的難堪地步，終究不是好典範。這並不是說人不該自戀，而是說在自戀之餘也得肯定像孔子所說的「後生可畏，焉知來者之不如今也」這種情況，畢竟沒有人能了不起到可以目空一切。

18 關懷山寨文化

全球化把尖端科技和經濟活動瘋狂的推向世界各地，讓許多想擺脫貧窮和不利處境的國家及其人民，紛紛被激起仿效的熱情。因此，有所謂中國大陸、印度、俄羅斯和巴西等金磚四國的崛起，以及非洲和中東等部分國家的急起直追。但在這個過程中，我們卻看見人心昏濁和貪婪的一面，一些無力創新卻又不甘失去競爭力的人，開始走上仿冒牟利的道路，諸如山寨手機、山寨相機、山寨電視、山寨明星等，大舉出籠，搶攻市場佔有率。而這被統稱為「山寨文化」。

山寨文化以竊取別人的研發成果再從新包裝，且以低價販售為能事。在日進斗金之餘，已經為整個世界蒙上另一層陰影。

本來西方創造觀型文化以效法造物主宰制世界，而極度耗用地球有限資源，

並且透過全球化鼓動其他社會追隨，早就預告了人類前途會很黯淡；現在山寨文化自詡是在從事可以造福窮人的「創造性模仿」，無形中又會加快生存環境惡化的速度。也就是說，既存的資源匱乏、污染嚴重、生態失衡、溫室效應和臭氧層破洞等危機，由於山寨文化的出現而不啻要更加的惡化。

因此，在想繼續存活的前提下，關心山寨文化就成了必經途徑；而把一切消費降到最低，也就可以一併阻絕山寨文化的泛濫。再來就是提升精神生活品質，在源頭上更可以抑制對包括山寨產品在內的所有物質需求。

19 大哉假設

古代有學問的人，常喜歡以一個「大哉問」起頭來回應別人的提問。這一稱讚對方「你問的是個大問題呀」，多少會讓人感覺很給面子，而不在意那只是客套話。

類似的，現在也有一個「如果只能再活一天要怎麼辦」的假設常被提出來討論，它也算是棘手的問題，所以可以比照的說這是個「大哉假設」。但誰會是這裏的回應者？顯然那可能是有學問的人，也可能是我們自問自答。而不論如何，

這個問題的確是「問到了人的心坎裏」。

有人可能會認為，這只是假設性的問題，不值得一顧，畢竟人通常不會只剩一天可活，尤其是正當年輕的時候。如果是這樣，那麼會這般認為的人就稱不上「有好好想過」，因為有些準備慷慨赴義，或被神秘界告知要召喚的人，他們真的有可能要面對只有一天可活的窘境。這時生命會極端的弔詭起來，而當事人的心情也會高度的掙扎。因此，所謂的大哉假設，就是玩真的，不容大家輕忽以對。

換個角度看，人都要面臨生命會走到最後一天的問題，於是那一假設就變成在考驗人「有沒有勇氣迎接那遲早會到來的最後一天」。

然而，話說回來，大家只要善於過活，又何必擔心那最後一天？再說靈體倘若真的像佛教所說的會不斷地流轉，那麼結束一段生命後還會有另一段生命，擔心生命的最後一天又有什麼意義？怕的是今生白活，以後再來時還得辛苦的窮於彌補！

20 自欺的後果

說謊和自欺，都屬於負面思考；而負面思考，照托瑞等著《賽局贏家：托瑞的洋基管理學》一書的說法，會成為「進步的最大阻礙」。換句話說，人一旦喜愛上說謊和自欺，他的人生也就沒有什麼好指望了。

雖然如此，人在必要的時候，還是得對他人說點善意的謊言，以確保人際關係不致破裂。好比朋友完成了一件很普通的藝術品，問你好不好看，這時你不太可能直說，而會改口稱讚它「做得美極了」，這樣對方就不會疏離你這個朋友。此外，像幫親友隱瞞病情、替上司擋掉應酬邀請和怕惹麻煩而掩飾自己的身分等，這些謊話都是為了維持人際和諧而不得不說的。

然而，自欺就不同了，那純是不長進的行為。明明已經做錯事了，卻要把它推給「別人在扯爛污」或「老天有意懲罰人」，而自己完全不必負責任；又明明老是好吃懶做，卻要怪罪世界不給機會謀生，而沒有一點意願像別人一樣去掙錢養活自己。在這種情況下，即使前途還很光明，也會被自己搬石頭擋住去路。

法國有句諺語：「人總會找到療慰自己的話。」這不只在講善意的謊言或嫉妒別人的成就，也在講自欺。只是前者經過思忖不得已如此而自我療慰後，就沒有什麼大妨礙；而後者卻會把自己逼向墮落的絕境。因此，想療慰自己，儘管去

找鼓勵或針砭性的話，自我欺騙是最下策。

21 知識塹

一般所說的塹，是指深溝，人所難以跨越。用來形容人的知識經驗，也常見裏面有或大或小的知識塹。

知識有塹，是因為人知道得太少或太多所造成的。知道得少的人，經常以有限的經驗坐井觀天，而不知井外的世界有多廣大。就像有位黃姓著名小說家應邀到人家辦的詩歌節談詩，在秀了他自己兩首極淺白的詩後，就大發議論說：詩應該要寫得讓市井小民都能懂，不然就不算是詩！這是強不知以為知，根本還沒見識到詩自古以來都被視為「文學中的貴族」，必須高度反熟悉化才能維持住它的特質。倘若詩淺白化了，那麼它就跨向散文而不能再自稱為詩。可見黃姓小說家的腦海裏有一道深深的知識塹。

至於知道得多的人，也會烙下知識塹，那是因為他所知道的越多，疑問就越多或責任也越重所導致的。前者，如王國維所說的「知識增時只益疑」，由於無法滿足更多未知的坑坎，所以自我懷疑到處都有知識塹。而後者，如西方一神教經典所說的「知識越多悲痛就越大」，因為深感知識分子的責任重大，所以在實際上無法撐起世界的苦難時，只好轉自我傷感「有知識塹無法填補」了。

這麼一來，想要克服知識塹困擾的人就得從新思考：少知的，必須虛心廣知，以便避開最基本的知識塹的障蔽；多知的，必須另以成功不必在我的理念自我寬懷，而將可能的疑慮或悲傷淡化，才能騰出心力來追求更多未知的東西。

22 粉絲的命運

時下給追星族取了一個很形象化的名稱，叫做「粉絲」（fans）。好比米粉絲，在湯碗裏疏鬆而黏不在一塊；追星族就類似這樣，明明是暫時湊合、無紀律的一羣「烏合之眾」，卻又各自「熱情如火」，直把某些聚眾場合炒得沸沸揚揚！

像演唱會、選舉晚會、宗教集會和名人演講會等，都有許多粉絲捧場。他們或引頸翹盼，或張嘴呼喊，或瘋狂迎送，把那些名人明星們哄得樂不可支。結果是戲罷散去，別人帶著勝利的光環回家，而粉絲則落寞的期待下一次的追星。

這種故事永遠也演不完。如說過自己「是在思考上帝的思考」的牛頓，就是

上帝的頭號粉絲。又如有人在達賴喇嘛來訪下榻的旅館撿到他丟棄的一張面紙而欣喜若狂，這個粉絲的超級忠實也一定會被帶回去喜馬拉雅山下珍寶著。此外，看到偶像就驚叫連連的人，他們都在粉絲團的行列，隨時準備給對方榮光，自己卻在時代中模糊了面貌。

粉絲的命運，大抵如此：努力扮演別人的喝采者，而自己連一點力爭上游的動力也沒有。這表面上是在幻想以別人的成就為自己的成就而獲得一種替代性的滿足，實際上卻是盡在消費別人的風光中遺忘了自己的存在。

一碗米粉湯看起來熱騰騰，且色澤可人，但吃起來就是不紮實。想繼續當粉絲的人，也許要留意他人這種觀感，就是不會有太多的同情或憐愛給你！

23 詩與面子

人活著，多半是為了爭口氣；而爭口氣的途徑，則五花八門。有人靠賺錢，有人靠當官，有人靠學歷，總是忙得不可開交。這當中有一種人很特別，他是靠寫詩來成就自己。

這種人如果一開始不會寫詩，那麼他一定會引為人生一大憾事。正如清代有

人說的「人生有三恨：一恨鰣魚多刺；二恨海棠花無香；三恨曾恐不會寫詩」，這一恨曾恐不會寫詩，可真說中了愛詩人的心事：那可會臉上無光呵！

不會寫詩跟面子的關係，顯然跟沒錢賺或沒官做或沒學歷而有失顏面不一樣。後者有後天時運或努力的問題，給人的感覺比較普通；前者則需要先天的才份，不具備或大為匱缺，真的會在別人面前抬不起頭來。

為什麼寫詩這麼重要？這先不提語言學家早川所說的「詩人是替心靈擦窗子的人」，就說詩本身所展現的高度創造力，就可以證明不會寫詩就如同植物不會開花或動物不能奔馳飛躍，是一件很丟臉的事。好比「（農民）用眼睛剝去她的衣服」、「樹享受著天空的巨大穹窿」和「小提琴用它的音樂煮空氣」等詩句，無不在馳騁想像力而美化或趣味化了這個世界，試問寫不出類似詩句的人，如何贏得別人額外的禮敬？

可見努力當個詩人，是有高附加價值的；至少「唯一能夠創新世界而使人恆久沉浸在美感中」的榮銜，會跟著他到終老、甚至永遠記在歷史上。至於內裏所需要的天份，則因為無可預測而不妨暫時略過不計。

24 高貴化

有一則《伊索寓言》裏的故事說：「母狐狸嘲笑母獅子，一次只生一隻。『只一隻，』母獅子回答說，『卻是隻獅子。』」這麼一來，原要嘲諷對方的反被對方嘲諷：生很多隻不如生一隻，因為牠是萬獸之王。

這裏隱含了一個可以遵循的法則，就是品質重於數量。而強調品質的人，自然會自我高貴化，既不輕易隨順流俗，更不可能同流合污，他所要保有的是那一潔身自愛的殊異格調。而這背後多少有一點蘇格拉底所堅持的「靈魂比肉體美」那一信念，才會促使自我高貴化的人直往而不悔。

反過來，不在意生命品質的人，就容易見風轉舵而經常被外在環境所左右。正如擔任美國歐巴馬政府的經濟顧問古斯比所說的：「道德不會改變人的行為，價格才會。」會被價格改變行為的人，他的唯利是圖性向一定不可能自己維持良好的品質。至於被作家布蕾克所說中的「在守財奴眼中，金幣比樹還美麗」，就更等而下之了。

以上這些人都無法自我提升生命的位階，他們的人格也不可能成為別人敬重或景仰的對象。

如果說活著是一件不容易的事，那麼能夠把這不容易轉成有價值的考驗，無非就是自行珍愛、涵養品德和鍛鍊才能等一系列高貴化的表現了。這是自我高華的保證，也是贏得別人尊敬的憑藉。

國家圖書館出版品預行編目(CIP)資料

酷品味 ： 許一個有深度的哲學化人生 ／ 周慶華著.
-- 初版. -- 臺北市 ： 華志文化, 2018.08
面 ； 公分. --（全方位心理叢書 ； 32）
ISBN 978-986-96357-2-1（平裝）
1. 人生哲學
191.9　　　　107010169

華志文化事業有限公司
系列／全方位心理叢書32
書名／酷品味──許一個有深度的哲學化人生
書號／C332

作者　周慶華
執行編輯　簡煜哲
美術編輯　楊雅婷
封面設計　王志強
文字校對　陳欣欣
企劃執行　張淑芬
總編輯　黃志中
社長　楊凱翔
出版者　華志文化事業有限公司
電子信箱　huachihbook@yahoo.com.tw
地址　116 台北市文山區興隆路四段九十六巷三弄六號四樓
電話　0937075060

總經銷商　旭昇圖書有限公司
地址　235 新北市中和區中山路二段三五二號二樓
電話　02-22451480
傳真　02-22451479
郵政劃撥　戶名：旭昇圖書有限公司（帳號：12935041）

出版日期　西元二〇一八年八月初版第一刷

華志文化

華志文化